Não deixe pra depois

Gustavo Tanaka

Não deixe pra depois

*Coisas que aprendi
com meu pai
sobre a vida e a morte*

Copyright © Gustavo Tanaka, 2023
Copyright © Editora Planeta do Brasil, 2023
Todos os direitos reservados.

Preparação: Caroline Silva
Revisão: Fernanda Guerriero Antunes e Valquíria Matiolli
Projeto gráfico e diagramação: Negrito Produção Editorial
Capa: Fabio Oliveira
Imagens de capa: Nicolaes Piemont/Rijksmuseum

Dados Internacionais de Catalogação na Publicação (CIP)
Angélica Ilacqua CRB-8/7057

Tanaka, Gustavo
  Não deixe pra depois / Gustavo Tanaka. – São Paulo: Planeta do Brasil, 2023.
  160 p.

  ISBN 978-85-422-2340-8

  1. Desenvolvimento pessoal 2. Pais e filhos I. Título

23-4348   CDD 158.1

Índice para catálogo sistemático:
1. Desenvolvimento pessoal

Ao escolher este livro, você está apoiando o manejo responsável das florestas do mundo

2023
Todos os direitos desta edição reservados à
Editora Planeta do Brasil Ltda.
Rua Bela Cintra, 986, 4º andar – Consolação
São Paulo – SP – 01415-002
www.planetadelivros.com.br
faleconosco@editoraplaneta.com.br

Dedico este livro a todas as pessoas que cuidaram do meu pai durante toda a sua vida.

Quando você recebe um tesouro, o melhor a fazer é compartilhá-lo.

Autor desconhecido

SUMÁRIO

Prefácio *13*
Introdução *17*

Parte um PRESENÇA

O pai super-herói *25*
Uma técnica para cada coisa *29*
Um pouco todos os dias *34*
Primeiro a tarefa, depois o lazer *38*
Resolve na hora *42*
Tanque cheio *47*
Terminou de usar, guarda *50*
Saia mais cedo *54*
O suficiente *58*
Mottainai *62*
Ser correto *65*
Escolhendo frutas *69*
Se divertir como criança *73*
Como se fosse a primeira vez *77*
Acordar cedo *80*
O time do coração *84*

Competição *89*
Pisar em solo firme *93*
Poupar *97*
Começou, vai até o final *101*
O trabalho invisível *105*
Formas de afeto *108*
Convivência *113*

Parte dois AUSÊNCIA

O começo do fim *121*
Aceitação e confiança *124*
Onze meses *128*
Desafios *132*
Vale a pena viver *136*
Encarando a morte de frente *139*
Não somos nosso corpo *142*
Não tem o que fazer, dói *145*
Vida após a morte *148*
Pai espiritual *151*
Assim foi... *155*

PREFÁCIO

Gosto de uma história que o escritor Kurt Vonnegut conta sobre o tio, que não era uma figura das mais carinhosas, mas que, de vez em quando, se sentava em uma cadeira, respirava fundo e dizia, contemplando as árvores: "Se isso não é formidável, eu não sei o que é". Aprender a apreciar a beleza da vida é uma das grandes qualidades humanas.

Tive a honra de me sentar com Gustavo e seu pai na mesa da cozinha da casa deles. Aquela mesa da cozinha que, agora, lendo o livro, descubro que foi lugar de muitas trocas entre pai e filho.

Me lembro que seu Armando era um homem calmo e muito generoso; Gustavo é uma das pessoas mais inspiradoras que conheço quando o assunto é virtude masculina. As virtudes masculinas que foram esquecidas em uma sociedade que celebra a imaturidade. Ali, sentado com Gustavo e seu Armando, consegui ver um pedaço do caminho que Gustavo trilhou para se tornar quem ele é hoje.

Apreciar a beleza da vida é primordial; apreciar a beleza dos outros é ainda mais importante, pois, tarefa áspera. Quando pergunto a alguém sobre o próprio pai, ouço lamúrias ou elogios, acompanhados da frase: "Mas, claro, meu pai não era perfeito". Acho graça. Não há pessoa perfeita. Por que nossos pais haveriam de ser?

O mais importante é conseguir ver a beleza deles. Toda pessoa, se você olhar bem, é bonita como um pôr do sol.

É fácil, quando nossos pais nos falam "Eu te amo" do jeito deles, ouvirmos "Eu te odeio". Um pai diz "Corte a cebolinha desse jeito" e é possível ouvirmos de duas maneiras: "Meu pai me odeia e nunca serei bom o suficiente pra ele" ou "Meu pai me ama e quer me ensinar a ser sempre melhor". Melhor a segunda opção.

Neste livro, Gustavo escreve sobre a beleza do pai. A beleza imperfeita, marcada, indefesa de todos os nossos pais. Nossos pais são de carne e osso. Nasceram chorando, cresceram sofrendo, passaram a vida lidando com a própria dor.

Pais serão, pra sempre, ecos na vida dos filhos. Aquilo que nos disseram ficará ecoando por toda a vida. Uma frase que sempre repetiam, um ensinamento pelo exemplo, a primeira vez que descobrimos que eram assustadoramente humanos. Ouviremos nossos pais até o final: são ecos que nos acompanharão.

Depois que vão embora, nossos pais ficam ainda mais presentes. Começam a aparecer em tudo. Em um personagem de filme, em uma frase de livro, em uma história que um amigo conta. No rosto dos nossos filhos, no jeito de um neto. No espelho. Nossos pais aparecem o tempo todo depois que vão embora.

O luto se torna um companheiro. O luto é nosso amor sem ter para onde ir. É o preço que pagamos por termos vivido momentos felizes ao lado de alguém. É o que fica, depois que alguém se vai. Aos poucos, você passa a brincar com o luto. Toda vez que se repete uma frase que seu pai costumava dizer, só você e o luto entendem. "Estou satisfeito. Dois pedaços de pizza são o suficiente pra mim." É uma homenagem, uma travessura com a mortalidade. Seu pai permanece vivo na mesa de jantar. De alguma forma, vocês estarão sempre juntos.

E se isso não é formidável, eu não sei o que é.

Marcos Piangers é uma das maiores referências brasileiras sobre paternidade, pai de Anita e Aurora e autor do livro *O papai é pop*.

INTRODUÇÃO

"Você consegue me ouvir?" Ele fez que sim com a cabeça. "Está tudo bem, pai. Quero apenas te contar o que aconteceu. Você está na UTI do hospital."

As vestimentas de proteção me isolavam e me distanciavam ainda mais de meu pai. Eu vestia touca, máscara e avental. Por alguns instantes, torci para que ele pudesse me reconhecer. Então, ele abriu os olhos e me encarou com uma profundidade que eu nunca havia visto em seu rosto, como se questionasse: *O que estou fazendo aqui?!* Eu tentei dar a ele o meu olhar mais terno, que transmitisse ao mesmo tempo ternura e segurança, mas nunca vou esquecer o jeito com que ele me olhou de volta. Somente após alguns dias pude compreender. Meu pai me olhava como quem sabia que estava morrendo.

Nós nos despedimos, e essa foi a última interação que tive com meu pai – ao menos de maneira consciente.

Começo este livro contando o final da história, pois nem sempre as histórias precisam ser contadas do início; às vezes, faz mais sentido saber primeiro como as coisas terminaram.

Esta não é uma daquelas histórias que estamos acostumados a ver nos filmes, em que todos vivem juntos e felizes para sempre. É uma história de separação, com a morte no meio do caminho, mas nem por isso é uma história triste. Pelo contrário: é a história de amor mais linda que eu já vi e vivi.

A morte é um acontecimento inerente a todos os seres vivos, e eu acredito que, ao naturalizá-la, podemos ter uma relação melhor com a vida. Além disso, os últimos meses do meu pai, por mais que tenham sido os mais difíceis da minha vida – e acredito que da dele também –, foram também os mais bonitos e significativos. Nesse período, pude compreender realmente o que é essa poderosa força do amor que une uma família e a potência que existe na relação entre pais e filhos.

"Não deixe pra depois" é, ao mesmo tempo, a frase que meu pai mais repetiu (ele foi um verdadeiro mestre na arte da não procrastinação) e a lição que quero compartilhar com você, que está tendo a oportunidade de ler este livro. Acredito que curar a relação com os pais e ter a capacidade de se relacionar com amor e verdade é uma das mais árduas tarefas enfrentadas por qualquer ser humano; é algo que, em minha compreensão, não deve ser deixado pra depois.

Aqui pretendo compartilhar algumas das histórias que vivi com meu pai, transmitindo os ensinamentos que ele me legou, e, no processo, ajudar você a fazer uma reflexão sobre sua relação com sua família. É possível, inclusive, que você – como incontáveis pessoas nascidas no Brasil – não tenha tido muito contato com seu pai, ou sequer o conhecido. Nesse caso, desejo que este livro seja capaz de ajudar a preencher uma lacuna que exista no seu coração, evocando um pouco do que pode ser a presença de um pai na vida de uma pessoa.

* * *

Escrever um livro é uma tarefa desafiadora. O maior desafio não é ter o que escrever – acredito que isso todas as pessoas têm. Todo mundo tem uma história cheia de emoção, de vitórias e derrotas, de altos e baixos para contar. A vida de qualquer ser humano daria um ótimo filme, afinal de contas, é o que acredito ser a nossa passagem por aqui: uma grande obra, um grande filme. O desafio, então, é saber organizar as histórias, quais recortes fazer, selecionar as melhores partes e escolher as palavras mais adequadas para transmitir a mensagem de forma que fique interessante para quem lê. Batalhei internamente com este livro desde que a ideia brotou em minha mente e ganhou força com o convite para a publicação.

Escrever sobre meu pai é ainda mais desafiador. Dentro de mim habitam duas forças: a primeira é um desejo enorme de honrar a vida que ele viveu e ser fiel e leal aos seus ensinamentos; a segunda é o medo de que o resultado não fique tão bom quanto o que imagino. Medo de fracassar nessa empreitada e chegar ao final com a sensação de que não consegui fazer o que imaginei. O curioso é que essas duas forças – o desejo de ser leal e o medo de decepcionar – regeram minha relação com meu pai durante quase toda a minha vida. Essa era a tônica da nossa relação.

Meu pai foi, durante muito tempo, uma figura misteriosa para mim. Ao passo que me fascinava, despertando uma grande admiração e sendo a maior referência de homem que tenho na vida, também me intimidava e me assustava. Durante a maior parte da minha vida, não consegui me sentir completamente à vontade na sua presença. Eu me sinto muito privilegiado por saber que tive uma referência muito forte, presente e positiva na minha vida. Ao mesmo tempo, sei que meu pai tinha seus defeitos e era um ser humano falho, como todos neste planeta o são. Era uma boa pessoa, mas, como um típico homem nascido na década de 1950, tinha sua visão machista e carregada de preconceitos. Desconstruir a ideia de um pai super-herói perfeito é parte do processo de amadurecimento. Por outro lado, conviver com a ideia de um pai vilão que prejudicou a vida do filho é, a meu ver, uma má escolha, por mais difícil e por pior que tenha sido sua relação com esse pai.

Penso que uma relação saudável entre pais, mães, filhos e filhas precisa ser construída como acontece em qualquer outro relacionamento. O problema é que muitas pessoas acreditam que essa é uma relação que já vem cristalizada, que sempre foi assim e que sempre será assim. Nenhuma amizade nasce pronta, nenhuma relação afetiva acontece do nada e nenhuma relação familiar pode prosperar sem a nutrição adequada. Nas próximas páginas, você poderá refletir, considerar, ponderar e recordar muitas histórias que viveu com as pessoas que foram referências na sua vida, ou na ausência que essas figuras representaram. Recomendo que aproveite essa oportunidade para fazer uma grande revisão pessoal e que esteja aberto a acreditar que é possível mudar. Foi o que aconteceu comigo.

Acredito que existam duas maneiras de ler este livro. A primeira é simplesmente lê-lo, acompanhando a nossa história, como se estivesse assistindo a um filme e conhecendo a interação entre estes dois personagens: meu pai e eu. A segunda é ver a nossa história como um espelho da sua. Você pode refletir sobre a sua relação com sua família conforme passa pelas páginas do livro. E, ainda, se você for pai, pode refletir também sobre sua relação com seus filhos ou filhas.

Gustavo Tanaka

Parte um
PRES

ENÇA

O PAI
SUPER-HERÓI

"Que susto que você me deu!"

Foi assim que meu pai me contou sobre um episódio que era lembrado de tempos em tempos nas festas de família. Eu tinha cerca de uns 3 anos de idade quando caí sozinho na piscina do nosso sítio. Meu primo foi correndo avisar a meu pai, que imediatamente se levantou e correu para a piscina, mergulhando com roupa e tudo, e me resgatou de lá.

Não me recordo dessa cena, mas ela me foi contada muitas vezes nesses encontros familiares. Começo contando essa história porque as memórias da minha infância se confundem entre o que realmente aconteceu e o que eu acho que lembro que aconteceu, muitas vezes com base nas fotos que vi e histórias que ouvi.

Na mente de uma criança, escutar uma história como essa naturalmente cria a imagem de um pai super-herói, que salvou sua vida, a protegeu e a impediu de pôr fim à sua existência, mas o que é estranho para mim é que eu não me recordo de ter criado essa imagem de um pai super-herói. Dentro de mim, existia uma voz que dizia que eu deveria vê-lo dessa maneira e que esse era o jeito certo de ter uma relação com ele; porém, desde as memórias mais remotas da minha vida, só me lembro de competir com meu pai, de querer mostrar para todo mundo que eu não era como ele.

Tenho flashes de tias minhas dizendo, quando me encontravam, como eu estava "ficando a cara do Armando", e isso provocava sensações conflituosas em mim. Ao mesmo tempo que isso me dava orgulho, também me despertava um desconforto, porque, afinal de contas, eu era eu, não era ele. As comparações com meu pai acompanharam a minha vida em tudo o que eu fazia. Ele era extremamente habilidoso e cheio de qualidades: foi um homem batalhador, estudioso, extremamente inteligente e repleto de virtudes; um grande exemplo de alguém que deu duro na vida e conseguiu alcançar um padrão de vida mais elevado por meio dos estudos e do trabalho.

Meu pai sempre me contava sua história de vida. Meus avós, nascidos no Japão, vieram – como milhares de imigrantes – tentar a vida aqui nesta terra de oportunidades e promessas chamada Brasil. Eles começaram a vida com um pedaço de terra, plantando e cultivando. A agricultura e o cuidado com a terra sempre fizeram parte da história da minha família. Meu pai, que nasceu na cidade de Pacaembu e foi criado em Maringá, era o oitavo filho, o caçula de uma família de lavradores. Dizia ele que tudo era difícil naquela época: a condição financeira da família, trabalhar na lavoura de café pela manhã e ainda ter que pedalar por muitos quilômetros até a escola, à noite, para estudar. Quando contava sobre sua infância, meu pai nunca falava com alegria e leveza; sempre contava como as coisas eram difíceis e como a vida não tinha sido fácil.

Os únicos momentos em que eu sentia menos peso nas suas histórias era quando ele falava de suas habilidades no futebol. Ele realmente era bom de bola! Pude comprovar isso durante minha infância. Seu sonho era ser jogador de futebol. Ele dizia que, na época da escola, dava show nas quadras e as pessoas paravam para ver ele e seus amigos jogarem, mas logo voltava a contar suas dificuldades, dizendo que não pôde se dedicar ao futebol por causa dos estudos e do trabalho.

Meu pai era o típico exemplo de alguém que superou as adversidades pela disciplina e força de vontade e conseguiu prosperar. Com muita dedicação e esforço, entrou para a Faculdade de Medicina da Santa Casa de São Paulo e se tornou médico. Apesar de eu reconhecer a vida difícil que minha família levou, até hoje não sei se meu pai me contava as coisas dessa forma porque realmente foi tudo muito traumático para ele ou se ele queria me ensinar o valor do trabalho duro. Eu sentia falta de escutar mais sobre a parte boa de tudo que ele viveu – que certamente existia. No entanto, ele era um homem de poucas palavras quando o assunto era o passado.

Acredito ser relevante contar um pouco sobre a história dele porque, à medida que você for lendo este livro, vai perceber que os desafios da sua infância influenciaram bastante a educação que ele me deu e a forma como enxergava o mundo.

E esta é uma das primeiras coisas que aprendi na minha caminhada de autoconhecimento: olhar os pais como seres humanos normais, com seus desafios, dificuldades e falhas. Quando crianças, vemos nossos pais como seres quase divinos, já prontos e cheios de certezas e convicções, mas, conforme vamos crescendo, precisamos abandonar essas imagens idealizadas para podermos nos abrir para nos relacionarmos com eles como realmente são. Falarei mais sobre isso ao longo do livro.

E esta é uma das primeiras coisas que aprendi na minha caminhada de autoconhecimento: olhar os pais como seres humanos normais, com seus desafios, dificuldades e falhas.

UMA TÉCNICA PARA CADA COISA

*"Não é assim que se faz.
Dá aqui essa faca que eu corto."*

Dependendo do contexto em que estiver inserida, essa fala pode até soar natural. Talvez um pai mostrando a um filho como manusear uma faca, ensinando sobre os perigos do uso desse instrumento, preocupado com a integridade física do filho, confiando mais na sua habilidade que na daquela criança. No entanto, essa fala do meu pai aconteceu apenas alguns anos atrás, sendo dita para um homem de mais de 30 anos – no caso, eu –, enquanto preparávamos o almoço e eu cortava cebolinha ao lado dele na pia.

Hoje dou muita risada dessa situação, mas naquele dia fiquei bem incomodado, afinal de contas, eu estava ali, fazendo o que já havia feito inúmeras vezes, despretensiosamente preparando nossa refeição, e me senti tratado como uma pessoa incapaz de fazer algo muito simples. Essa era a forma do meu pai de transmitir alguns ensinamentos. De uma maneira meio bruta, ele queria me mostrar que existia uma técnica melhor, uma forma mais adequada de realizar uma atividade.

Então, ele pegou a faca e as cebolinhas que estavam na minha tábua de cortar, colocou-as sobre a tábua que estava utilizando e me disse: "Junte as cebolinhas assim. Faça um corte no meio, dividindo em duas partes iguais. Una novamente as partes e faça mais um corte no meio. Depois, junte todas novamente e corte em fatias bem pequenas, para que fiquem bem fininhas". Tá bem, a verdade é que ele não falou com essas palavras, que mais parecem orientações de uma pessoa apresentando um programa de culinária. Foi um pouco mais direto e sem usar muitas palavras. As palavras que ele realmente usou foram: "Faz assim. Assim. E assim".

Gosto de contar essa história porque, para mim, ela ilustra bem duas coisas que aprendi com meu pai. A primeira é que, segundo no que ele acreditava, tudo tem uma técnica. Não se faz nada apenas fazendo, ou sem prestar atenção a como se está fazendo. Se você prestar atenção e estiver presente e concentrado naquilo que faz, vai encontrar a melhor maneira de fazê-lo. Isso vale para tudo: tanto para o uso de ferramentas ou instrumentos que realmente requerem uma técnica de utilização como para coisas mais banais e que não mudam em nada a vida de ninguém, por exemplo, descascar laranja. Quer dizer, para uma pessoa cujo trabalho é descascar muitas laranjas ao longo do dia, uma boa técnica pode ajudar muito a desempenhar um bom trabalho, aumentar a produtividade e evitar lesões, mas, para quem simplesmente vai comer a fruta de vez em quando, talvez não seja tão importante assim a forma como se descasca. Só que para o meu pai isso era muito importante. Ele gostava de descobrir a melhor forma de fazer cada coisa e se vangloriava dizendo que tinha um jeito muito bom de fazê-la. Isso se aplicava a tudo. Ele tinha a técnica certa para lavar louça, descascar mandioca, cortar melancia, usar a furadeira, pintar parede, dobrar o cobertor, arrumar a mala. Tudo era feito com um certo tipo de precisão, detalhismo e método. Meu pai tinha o hábito de chupar laranja como sobremesa e sempre a descascava com essa destreza que descrevi; ao final, ficava apreciando sua "obra de arte": as cascas formando uma espiral perfeita e simétrica. Era engraçado ver a alegria que ele sentia com uma simples casca de laranja.

Agora você pode estar pensando que isso era chato para uma criança, e posso te dizer que sim, era. Ao mesmo tempo, hoje vejo como foi importante para mim crescer com essa referência. Ver a forma como ele fazia as coisas me ajudou a prestar atenção a tudo que faço e buscar o meu melhor nas coisas simples. Uma criança aprende por observação. Ela vê a forma como as pessoas mais velhas fazem as coisas e aprende a partir da repetição. Tentar copiar a forma como meu pai fazia as coisas me ajudou no desenvolvimento das minhas habilidades manuais e na minha capacidade de aprender por observação.

A segunda coisa sobre a qual quero falar a partir dessa história tem a ver com educação. Se olharmos pela perspectiva da educação convencional, penso que a forma dele de ensinar era um pouco arcaica, rígida e cheia de regras. Muitas vezes eu me sentia reprimido ou incapaz pelo modo como ele se comunicava comigo. Ele falava de forma ríspida, muitas vezes bravo porque eu não estava fazendo do jeito dele. Afinal de contas, nem tudo precisa ser feito como ele acreditava ser o melhor. Se você pensar bem, tanto faz a forma como eu estava cortando a cebolinha. No final das contas, iríamos saborear uma deliciosa refeição juntos de qualquer maneira, mas gosto muito de perceber como o aprendizado acontece, independentemente de como a transmissão do ensino é feita. O simples fato de eu estar aqui, colocando neste livro essa história corriqueira, ilustra o que quero dizer. A força de uma referência é imensa, e o poder do exemplo é uma grande forma de transmissão. Meu pai sempre queria me mostrar o que estava fazendo e pedia que eu prestasse atenção nele.

O desafio do aprendiz não é fazer igual ou tentar superar a pessoa que o ensina, mas sim observar e discernir o que faz sentido absorver e o que não faz. Essa era a tônica da minha relação com meu pai. Eu pensava: *Tá bom, ele tem esse jeito de fazer, mas eu quero fazer igual? Será que não existe outra técnica que funciona melhor para mim?* Quando há essa reflexão e a busca por discernimento, o ensinamento acontece. Posso ter uma referência e um exemplo para seguir, não para ser igual, mas como oportunidade de me observar, de me conhecer melhor e de escolher o que faz mais sentido para o ser humano que eu sou.

A força de uma referência é imensa, e o poder do exemplo é uma grande forma de transmissão.

UM POUCO TODOS OS DIAS

*"Não adianta querer fazer tudo de uma vez.
Faz um pouco todos os dias."*

Quando comecei a escrever este livro, pensei que simplesmente sentaria e em pouco tempo estaria com ele pronto. Desde que comecei a escrita, tive grandes hiatos de alguns meses: eu me peguei preso e perdido nos meus próprios pensamentos, tentando compreender como o livro poderia ficar, tentando melhorar a linguagem, o tom e a estrutura. Usei como desculpa para mim mesmo o argumento de que queria poder fazer de forma a honrar o meu pai e realmente conseguir deixar o legado dele nesta obra.

Para sair desse loop mental, decidi que iria escrever um pouco todo dia, sem me preocupar com a estrutura perfeita. Eu apenas precisaria começar e criar disciplina. Ao fazer isso, me lembrei de um dos valiosos ensinamentos do meu pai sobre consistência.

Uma de suas principais paixões era a natureza. Mais especificamente o cultivo, plantando árvores frutíferas e cuidando de um jardim. Ele tinha um pé de lichia que era uma das coisas mais formidáveis que já vi. A cada final de ano, nós nos empanturrávamos com pencas e mais pencas dessa fruta, que, por causa desse pé, tornou-se minha preferida. Essa árvore era seu grande xodó, e eu brincava que ele tinha mais orgulho do pé de lichia que dos filhos. A árvore foi crescendo a cada ano, se tornando mais frondosa e ocupando mais espaço na casa. Ficava na lateral, junto ao muro que fazia divisa com um terreno baldio que existia ao lado de casa. Quando chegava o final do ano, a árvore carregava e começava a tombar para o lado de lá do muro, no terreno baldio. Então, as pessoas que passavam pela rua viam o pé carregado e queriam colher. Meu pai frequentemente brigava com essas pessoas, dizendo que a árvore era particular e que eles não podiam fazer aquilo. Na verdade, o problema dele não era com o compartilhar, porque isso ele sempre fez com os vizinhos e amigos; ele ficava furioso porque as pessoas colhiam quando as frutas ainda estavam verdes. Era uma forma de cuidado com a árvore e com a colheita. Essa era uma questão tão importante para o meu pai que o que acabou acontecendo foi que, quando ele teve a oportunidade, comprou o terreno ao lado e, assim, conseguiu proteger essa árvore dos "invasores".

Vi então nascer um projeto maravilhoso: acompanhei um terreno baldio cheio de entulhos ser transformado num pomar cheio de árvores frutíferas e com um lindo gramado verde. E é sobre esse gramado que quero contar. A natureza tem muitos detalhes e particularidades, e cuidar de um espaço vivo requer muita dedicação e cuidado. Admiro muito uma pessoa que tem um belo jardim em casa, porque sei o trabalho que dá para cuidar. Todos os dias, meu pai chegava do trabalho, pegava na enxada, cuidava dos canteiros, podava algumas árvores e arbustos e plantava coisas novas.

No começo, eu não tinha a mesma conexão que ele com a natureza e não me interessava muito. Via aquilo apenas como "coisas do meu pai", mas, conforme fui desenvolvendo mais interesse pela natureza, fui me aproximando e pedindo para ajudá-lo a cuidar daquele espaço. Na verdade, foi uma forma que encontrei de me aproximar do meu pai, mas sobre isso falo num capítulo mais adiante. Ele então passou a me delegar algumas tarefas, e a primeira foi tirar ervas daninhas do gramado. Era um trabalho aparentemente simples, mas chato de fazer. Era monótono, repetitivo, sem nenhuma emoção e que, ao término, me dava dores nas costas. Eu tentava dar o meu melhor, ficava horas trabalhando e, no final, sentia que não tinha feito quase nada, de tanto trabalho que ainda precisava ser feito.

Foi então que ele me disse: "Não adianta querer fazer tudo de uma vez. Faz um pouco todo os dias. Se você fizer um pouco todos os dias, vai ficar fácil e não vai dar trabalho". Eu me senti como naquele filme *Karatê Kid*, quando o personagem Daniel San quer aprender a lutar karatê e o Sr. Miyagi o coloca para pintar a cerca. Na hora não entendi a lição, mas alguns anos depois pude compreender o valor daquilo que ele estava me transmitindo.

Fazer um pouco todos os dias é melhor que fazer muito só uma vez. Isso vale para tantas coisas na vida. Pegue exercícios físicos, por exemplo. Mais vale fazer algumas atividades todos os dias do que querer fazer um dia todo de prática intensa. Não adianta fazer um dia de alimentação perfeita e comer doces todos os outros dias. É preciso a consistência da alimentação diária para uma vida saudável.

E assim eu apliquei esse conceito a este livro. Na minha cabeça, iria resolver todas as minhas pendências, tirar um sabático de um mês e me isolar do mundo para ter o livro pronto. Em vez disso, decidi escrever um capítulo por dia. Quando pensamos em tudo que precisamos fazer, enxergando o trabalho todo, podemos desanimar com tudo que precisa ser feito, mas, se começarmos, o trabalho deixa de ser tão pesado e vemos que podemos avançar muito se fizermos um pouco todo dia.

Fazer um pouco todos os dias é melhor que fazer muito só uma vez.

PRIMEIRO A TAREFA, DEPOIS O LAZER

"Faz a lição primeiro, depois você brinca."

Esse foi um dos primeiros ensinamentos que me lembro de ter recebido do meu pai. O estudo e a dedicação eram pilares muito importantes para ele, seja porque desde criança precisou equilibrar diversão e trabalho, seja porque talvez essa tenha sido a grande chave que lhe permitiu alcançar uma condição financeira diferente. A disciplina sempre foi uma das maiores virtudes dele.

Uma das lembranças mais vivas que eu tenho é de ele me dizendo que, antes de brincar, eu deveria fazer minha lição de casa. Eu chegava da escola e, apesar da vontade de pegar meus brinquedos, ligar o videogame ou fazer qualquer coisa divertida, eu sabia que precisava fazer a tarefa da escola. Dessa maneira, por alguns anos fui aquele aluno que nunca deixava de fazer a lição e levá-la para a escola no dia seguinte.

Até que fui percebendo que, apesar de isso ser muito bem-visto pelos meus pais e pelos professores, também me causava alguns desconfortos, sobretudo quando eu era o único da turma que tinha feito a lição de casa. Isso aconteceu algumas vezes, e ainda consigo me lembrar da raiva que os meus colegas sentiam de mim por terem sido penalizados porque eu havia feito a lição e eles não. Eu chegava a ser usado pelos professores como exemplo, só que isso me afastava e me desconectava dos meus amigos. Eu não gostava. Por isso, passei a boicotar essa disciplina em algumas ocasiões. Queria chegar à sala de aula sem ter feito a lição, para ser mais um, passar despercebido e me sentir mais como as outras pessoas. Meu pai me questionava se eu não tinha lição para fazer, e eu aprendi a mentir, dizendo que não tinha. Foi assim também que comecei a cultivar a culpa dentro de mim, afinal de contas, eu sabia que não era verdade o que estava dizendo.

Parei de seguir a orientação do meu pai e fui dando mais espaço para deixar pra depois, para fazer a lição mais tarde e ir direto para o que estava com vontade de fazer. Assim nasceu um hábito do qual não me orgulho, mas que me acompanha até hoje: deixar para a última hora. Talvez esse seja até um dos principais motivos de escrever este livro, querer realmente incorporar os ensinamentos do meu pai.

Lembro que ele ficava louco e não conseguia compreender como eu deixava tudo para a última hora. Não entrava na cabeça dele o fato de eu ficar às vezes até de madrugada acordado para terminar a lição, sendo que tivera o dia todo para fazer. Hoje sei que isso era também uma forma inconsciente de desafiar meu pai e mostrar para ele que eu podia fazer as coisas do meu jeito; na verdade, hoje percebo que era eu brigando para mostrar que podia fazer as coisas de um jeito pior (risos).

Meu pai tinha o costume de chegar em casa no final do dia, não muito tarde, antes de escurecer, cuidar um pouco do jardim e depois descansar. Um dia ele disse para minha irmã: "Essa é a melhor hora do dia. Já terminei tudo que tinha para fazer, agora é só descansar ou fazer o que eu quiser". Eu já era adulto quando isso aconteceu, e minha irmã me contou sobre essa conversa. Fiquei refletindo sobre minha vida: "Eu nunca consigo me sentir assim. Meu trabalho é infinito e sempre tenho coisas para fazer. Nunca consigo sentir que posso descansar". Por que isso acontece?

E talvez a resposta esteja lá atrás. Se eu tivesse priorizado as tarefas, e não minha diversão, conseguiria chegar ao final do dia sabendo que fiz o que precisava ser feito, podendo desligar a mente das preocupações, em vez de levar isso para a cama, na hora de dormir, começando o dia já com as pendências do dia anterior.

Penso que um dos maiores desafios da vida é o equilíbrio. Mesmo um bom conselho pode se tornar um mau hábito se levado à risca. Em momentos em que estamos muito atolados de tarefas, coisas para fazer e preocupações, pode ser importante fazer uma pausa, respirar e até se divertir um pouco. Isso pode deixar as coisas menos pesadas e mais fáceis de serem feitas com leveza e equilíbrio.

Quando um bom conselho é aplicado de forma correta, equilibrada e consciente, pode transformar uma vida para melhor.

Quando um bom conselho é aplicado de forma correta, equilibrada e consciente, pode transformar uma vida para melhor.

RESOLVE
NA HORA

"Ah, pai, depois eu faço."
"Faz agora que depois você vai esquecer."

Essas duas frases resumem e ilustram bem grande parte dos embates que tive com meu pai. Ele, um mestre na arte de não procrastinar. Eu, um grande procrastinador. Fazer as coisas na hora e não deixar pra depois era o comportamento do meu pai que mais me marcou; até hoje escuto silenciosamente sua voz ecoando dentro de mim dizendo estas palavras:

"Chegou este boleto aqui. Já paga agora para você não atrasar e pagar multa."

"Ah, pai, mas só vence daqui a duas semanas. Depois eu pago."

"Se você fizer agora, não tem como esquecer."

Resultado: um dia depois do vencimento, eu me lembrava do boleto e acabava pagando com multa. Isso aconteceu dezenas de vezes na minha vida.

Pela filosofia de vida do meu pai, fazer as coisas na hora e não deixar pra depois era um dos grandes segredos para um vida melhor. Era um bom hábito que somente trazia benefícios. Isso valia para todas as coisas. Em casa, a gente não podia deixar a louça para lavar no dia seguinte. Ele dizia que é muito mais fácil lavar logo depois de usar porque a sujeira ainda está menos aderida à louça e sai com mais facilidade. Se deixarmos para o dia seguinte, a sujeira fica mais incrustada nos pratos, talheres e panelas e fica bem mais difícil de tirar. Dizia ele que, além de dar mais trabalho e demorar mais, desperdiça mais água. Economia também era um pilar importante da sua forma de viver.

Sua mente girava em torno de encontrar a máxima eficiência nas atividades e reduzir custos extras e desperdícios. Meu pai era médico, mas tenho certeza de que ele seria um ótimo gerente de empresa, ainda mais se fosse responsável por alguma área de produtividade ou controle de desperdício. Era assim que ele cuidava da gente. Minha mãe também sempre dedicou bastante atenção aos cuidados com a casa, mas era ele quem ditava essas regras; não por uma questão patriarcal, por se achar o chefe da família – isso não existia lá em casa –, mas sim porque ele era quem tinha mais manias e acreditava com mais convicção em uma maneira melhor de fazer as coisas, o que o fazia dedicar muito da sua atenção, tempo e energia mental para isso. Quando ficou doente, no seu último ano de vida, pudemos perceber como a energia dele fazia falta no cuidado da casa.

Fazer as coisas na hora era uma marca tão forte do meu pai que eu tinha a percepção de que ele nunca deixava nada para o dia seguinte. Essa característica provocava dois efeitos: um negativo e um positivo.

O efeito negativo é o que eu percebia que ele levava isso a sério demais e, às vezes, poderia ter relaxado um pouco – ele não conseguia descansar enquanto não finalizasse o que precisava ser feito. Por outro lado, o efeito positivo é uma característica que acredito ser muito rara hoje em dia e que tem grande valor: ele não se esquecia de nada e não era preciso pedir duas vezes. Uma nova tarefa que chegasse para o meu pai não entrava numa lista de afazeres que seria resolvida em algum momento tardio. Qualquer nova atividade chegava e já era resolvida na hora, já se tornava a prioridade. Como ele não tinha essa checklist de pendências, sempre fazia tudo na hora e não desperdiçava energia tentando se lembrar do que precisava fazer.

Como eu já dividi com você, sempre fui um procrastinador, muito por conta desse comportamento de querer ser diferente do meu pai. Um pai megadisciplinado é uma excelente referência para um adolescente, mas também pode ser um pesadelo. Fui me acostumando a deixar as coisas pra depois e fazendo desse comportamento um hábito. Quando me pediam alguma coisa, minha reação natural era conferir o prazo e jogar para a frente. No começo, talvez isso fosse apenas birra ou uma forma de demonstrar personalidade, mas, com o tempo, foi ficando tão enraizado na minha forma de agir que começou a me atrapalhar. Eu não fazia nada na hora e vivia com uma lista de atividades cada vez mais gigante – quanto mais coisas eu tinha para fazer, menos eu respondia às novas demandas. Vivi assim por anos.

Foi então que, percebendo os efeitos nocivos desse hábito na minha vida, passei a me reconciliar com os ensinamentos do meu pai sobre esse tema e fui pedir seus conselhos.

"Pai, como você faz para resolver todas as tarefas?"

"Começa pela última que aparece. Depois você vai resolvendo aos poucos as coisas mais antigas."

Parece simples, mas para mim foi uma virada de chave enorme. Eu fazia exatamente o oposto disso! Seu conselho era fazer primeiro as coisas que apareciam por último. Eu colocava essas coisas no final da minha fila e, consequentemente, vivia com uma lista de tarefas interminável. É muito mais fácil resolver o que chega por último e está mais vivo e mais fresco do que fazer depois que já se passaram alguns dias ou semanas.

Hoje ainda estou longe de alcançar o desempenho do meu pai, mas seria injusto da minha parte me comparar com ele. Aliás, este foi um dos aprendizados que tive: qualquer comparação com meu pai seria injusta, afinal de contas, eu não sou ele. Isso vale para todas as comparações com qualquer pessoa. Entretanto, eu posso me comparar comigo mesmo. Isso, sim, é justo. E, quando eu me comparo comigo mesmo e observo como eu era e como tenho sido ultimamente, consigo sentir grande orgulho da minha evolução.

Qualquer comparação com meu pai seria injusta, afinal de contas, eu não sou ele.

TANQUE CHEIO

*"Nunca deixe o tanque chegar na reserva;
deixe ele sempre cheio."*

Pegar o carro do meu pai emprestado e encontrar o tanque vazio é uma coisa que nunca aconteceria.

Eu me considero uma pessoa muito observadora – talvez isso seja uma característica de quem escreve –, e o mais legal de poder observar é conseguir traçar correlações entre um fato observado e o comportamento que levou a esse fato.

Algo que acontecia com certa frequência comigo era perceber que "de repente" o tanque do meu carro tinha ficado vazio e ter que dirigir com o combustível na reserva, torcendo para que fosse suficiente para chegar a um posto de gasolina. Felizmente, nunca fiquei parado sem combustível na rua, mesmo chegando ao limite do limite por diversas vezes. Todas as vezes que pegava o carro do meu pai emprestado, ou quando saía com ele de carona, eu observava que o tanque estava cheio. Depois que passei a reparar nesse fato, vi que isso realmente era recorrente, e não uma coincidência de sempre olhar quando estava cheio.

Por que isso acontecia, ou como isso acontecia? A resposta está na forma de pensar e de agir do meu pai. Ele não deixava as coisas pra depois. Tão logo notava que o nível de combustível tinha baixado, já completava o tanque. Não esperava passar da metade. Já eu, por preguiça de parar no posto de gasolina e "perder tempo", seguia dirigindo até onde fosse possível.

Outra explicação para esse fenômeno curioso e banal é que meu pai se preocupava em cuidar das pessoas que possivelmente viessem a dirigir o carro. Uma vez ele me disse que eu nunca deveria emprestar o carro a alguém com o tanque vazio. Era uma forma de cuidado.

Essa mesma mentalidade se aplicava às compras da casa: geladeira cheia e despensa abastecida. Só depois que fui morar sozinho é que pude perceber o quão difícil é manter as compras em dia. Na casa dos meus pais, as coisas de consumo frequente nunca faltavam. Nunca aconteceu de ficarmos sem papel higiênico, de acabar o sabão em pó, de não ter ovos na geladeira ou de ter que sair para comprar algo que era usado com frequência. Meu pai era o cara que estava sempre vigiando e cuidando para que nada faltasse. Disciplina, cuidado com o outro e olhar atento são uma combinação poderosa.

Alguns meses depois que meu pai faleceu, vendi o carro dele. Fiz questão de fazer todos os pequenos reparos para deixá-lo impecável para a família a quem aquele veículo iria servir. E não me esqueci de encher o tanque. Acho que ninguém mais faz isso hoje em dia, sobretudo com os preços altos do combustível, mas, para mim, era uma questão de honra entregar o carro do meu pai com o tanque cheio. Fiquei feliz de poder fazer essa gentileza. Quando entreguei o carro, o comprador comentou seu espanto com o tanque cheio. Tive a oportunidade de contar para ele um pouco sobre a filosofia de vida do meu pai e, naquele momento, senti que estava honrando seu legado.

*Disciplina, cuidado com
o outro e olhar atento são
uma combinação poderosa.*

TERMINOU DE USAR, GUARDA

"Se você sempre guardar as coisas no lugar depois de usar, sempre vai saber onde estão."

"Pai, onde está a chave de fenda?"
"Tem uma na última gaveta da minha escrivaninha."
Procuro e não encontro.
"Não está lá."
"Tenho certeza de que está. Procura de novo."
Procuro novamente e não acho. Ele se levanta do sofá, irritado, caminha até o quarto, abre a última gaveta, estica o braço e sai com uma chave de fenda.
"Você tem preguiça de procurar as coisas direito. Se eu falei que está lá, é porque está."
Nós dois damos risada e ele complementa:
"Se você sempre guardar as coisas no lugar depois de usar, sempre vai saber onde estão."
A organização era uma das marcas mais claras do meu pai. Ele sabia como cuidar das coisas; às vezes, até exagerava no cuidado e ficava apegado demais a elas. Por trás desse cuidado, porém, se esconde uma mentalidade muito especial e que me ajudou muito ao longo da minha vida. Sua frase principal era: "Terminou de usar, guarda".
Começou com os meus brinquedos. Como qualquer criança, eu espalhava meus brinquedos pelo chão da

sala. Peças de Lego por todos os lugares, carrinhos, bonequinhos... a casa era um grande cenário para minhas brincadeiras. E assim que a brincadeira mudava e minha atenção era direcionada para outra atividade, eu era alertado: "Se você terminou de usar, guarda". Depois, comecei a escutar isso a respeito do meu material escolar. Meus cadernos, livros, régua e lápis ficavam espalhados pela mesa quando eu fazia a lição de casa, só que o material não podia ficar aberto e jogado na mesa depois de concluída a tarefa.

E assim isso foi se tornando uma regra em casa. Sempre que alguém terminava de usar uma coisa, tinha que guardá-la e devolvê-la ao lugar de origem. Se tinha uma coisa que tirava o meu pai do sério era quando ele procurava algo que sabia onde deveria estar e não encontrava. "Quem tirou daqui?", ele esbravejava. Às vezes, eu olhava para minha irmã e ficávamos em silêncio, por vezes assustados, por vezes rindo em silêncio, porque éramos cúmplices daquele pequeno delito. Então ele encontrava e vinha nos mostrar qual era o lugar em que aquele objeto deveria ficar. "Vocês não guardam depois de usar e aí a gente não consegue saber mais onde está. Tem que guardar logo depois de usar. Se deixar pra depois, acaba esquecendo e depois não lembra mais onde deixou."

Talvez você possa estar lendo e achando que ele era uma pessoa muito dura e até mesmo um pouco militar, mas a verdade é que tudo isso era leve e a gente encarava com bom humor, sabendo que era o jeito dele, que ele gostava que as coisas fossem feitas de determinada maneira.

Hoje percebo o quanto esse foi um dos bons hábitos que eu pude desenvolver na minha vida. Quando definimos um lugar para cada objeto e o devolvemos a esse lugar após o uso, a casa tende a ficar bem mais organizada.

Uma das coisas que percebi, no processo de incorporar esse hábito, é que eu gastava tempo demais para arrumar aquilo que havia deixado fora do lugar depois de usar. O tempo para guardar algo logo depois do uso é menor que o tempo gasto no dia seguinte. Quando as coisas estão em seu devido lugar, você não perde tempo as procurando e não gasta energia mental tentando descobrir onde estão ou onde você as usou pela última vez. A organização material contribui muito para a clareza mental. Quando estou desorganizado mentalmente, minha casa também fica uma bagunça e cheia de coisas fora do lugar. Uma casa em ordem colabora para uma mente em ordem.

Uma casa em ordem colabora para uma mente em ordem.

SAIA
MAIS CEDO

"Vamos! Já está na hora de sair!"
"Pai, ainda não são nem onze horas.
O almoço é ao meio-dia."
"Vamos mais cedo para podermos
ir devagar e não pegarmos trânsito."

Esse costumava ser um dos nossos diálogos de domingo. Quando tínhamos um evento ou encontro de família, ele nos apressava para sairmos muito cedo, e era comum entrarmos em um embate: ele nos apressando para sairmos logo e eu ou minha irmã entrando numa espécie de "modo tartaruga" para retardarmos a saída. Minha mãe ficava no meio do caminho nessa disputa, às vezes do lado dele, às vezes do nosso lado.

Esse hábito era uma mistura de três características do meu pai: estar sempre preparado para eventuais imprevistos, ser pontual e gostar de ser o primeiro a chegar. Eu, hoje, adiciono uma quarta característica, fruto de minha convicção: ele era ansioso.

A noção de tempo do meu pai e a forma como ele se organizava eram diferentes da maioria das pessoas que conheci na vida. Ele levava o horário das coisas a sério e se organizava para sempre ser muito pontual. Até aí, tudo bem, conheço muitas pessoas assim; mas ele tentava antever problemas para evitar qualquer possível estresse no trajeto. Se o local ficava a trinta minutos de casa, ele adicionava mais quinze, por garantia. Poderíamos nos deparar com um engarrafamento ou um imprevisto, como esquecer algo e ter de voltar. Mesmo após o surgimento de aplicativos de celular que calculam rotas e estimam o tempo de chegada, que me deram alguns argumentos a favor de não precisar sair tão cedo, ainda assim, com frequência, ele relutava em seguir a previsão.

Assim, não era raro chegarmos antes de todo mundo – até mesmo dos próprios donos da festa. Nessas horas, eu esbravejava, dizendo: "Tá vendo! Ainda nem estão prontos!". Ele apenas ria, dizendo que não era culpa dele se os outros estavam atrasados.

O grande paradoxo desse comportamento é que ele dizia que gostava de sair mais cedo de casa para poder ir sem pressa e sem estresse e dirigir com tranquilidade até o evento, mas, para isso acontecer, ele nos apressava e nos estressava para nos arrumarmos rápido para sair. Quando o compromisso era ir para o aeroporto, a prudência era ainda maior – e minha mãe era cúmplice, se organizando com ele para chegar pelo menos três horas antes.

A pontualidade sempre foi uma virtude do meu pai, e sou muito grato a ele por ter me dado essa boa referência. Tenho inúmeras histórias dessas disputas que eu travava com ele na hora de sair de casa, mas hoje percebo o quanto elas me ajudaram a aprender a ser organizado, fazer bom uso do meu tempo e ser pontual. Vejo que não honrar horários é algo bem comum no Brasil: há pessoas que se atrasam de propósito e, paradoxalmente, há pessoas que se chateiam caso você chegue num evento no horário marcado.

Ser pontual é uma forma de demonstrar respeito por alguém. Meu pai dizia que, quando uma pessoa nos convida para ir à casa dela em um determinado horário, devemos chegar no horário que ela pediu. Para ele, não fazia sentido uma pessoa dizer que o almoço é ao meio-dia e os convidados chegarem trinta minutos ou uma hora depois.

Respeitar os horários é também uma forma de utilizar o poder da palavra, isto é, ter a habilidade de falar uma coisa e fazer o que foi dito. Hoje, eu fico muito feliz quando consigo ter a disciplina de ser pontual: significa que estou no controle de minha organização pessoal e que consigo transitar bem por essa dimensão tão importante que é o tempo. Muita gente luta contra o tempo; eu gosto de tê-lo como aliado. E certamente aprendi isso com meu pai.

Outra coisa que percebi observando as pessoas é que muita gente não consegue chegar no horário porque não gosta de esperar. A ausência da virtude da paciência faz com que as pessoas se programem para chegar em cima da hora e não precisem aguardar. Como meu pai não ligava de chegar mais cedo e esperar o horário ou ser a primeira pessoa a chegar em uma festa – ou qualquer lugar – e ter que esperar os demais convidados, isso nunca foi um problema. Na verdade – e isso também é uma grande sacada dele –, ele dizia que gostava de ser o primeiro a chegar, ficar sentado e deixar todo mundo vir cumprimentá-lo, em vez de ter de passar de cadeira em cadeira cumprimentando quem chegou antes.

*Muita gente luta contra
o tempo; eu gosto de tê-lo
como aliado.*

O SUFICIENTE

"Estou satisfeito. Dois pedaços de pizza são suficientes para mim."

Todas as vezes que comíamos pizza, meu pai dizia sempre a mesma coisa. Quando terminava o segundo pedaço, ele comunicava que já estava satisfeito e que não precisava comer mais:

"Sei o meu limite, não preciso comer mais que isso."

No começo, eu nem processava direito essa informação. Na minha adolescência e no início da minha vida adulta, o que eu queria mesmo era comer o máximo possível. Lembro de ir com meus amigos a restaurantes que serviam rodízio de pizza e nossa competição era justamente ver quem conseguia comer mais fatias. Eu, hoje, ainda adoro comer pizza e outros lanches, mas são comidas que, se eu não tomar cuidado, acabo comendo mais do que preciso e sofrendo as consequências depois.

Trago essa anedota porque, apesar de parecer irrelevante, ela esconde uma mensagem, um grande segredo para a vida, que só pude aprender com meu pai nos últimos anos de vida dele: é muito importante conhecermos os nossos limites e sabermos a hora de parar.

Meu pai era um cara que sabia o quanto bastava para ele quando o assunto era comida, mas também aplicava esse conceito a outras áreas da vida, como trabalho, descanso e até mesmo finanças.

Nos meus estudos sobre dinheiro e prosperidade, descobri uma chave que me ajudou a compreender e honrar o meu pai: a chave para a abundância está na suficiência.

Se você não sabe o quanto é suficiente, nunca vai se sentir abundante; se você não se sente abundante, sempre vai achar que falta algo. Logo, para preencher essa falta, vai sair à procura de mais e mais, e nada jamais será suficiente. Você pode ter muito e ainda assim sentir que não é o bastante.

Quando eu era mais jovem, cheguei a pensar que meu pai era um homem sem ambição. Eu sabia o potencial dele, via como era inteligente e capaz de executar as coisas. Por isso, eu achava que ele deveria trabalhar mais, se dedicar a outros trabalhos e projetos, investir em aumentar sua base de clientes e expandir seu consultório médico. Eu tinha como referência grandes empresários que faturavam milhões com negócios grandes e muitos funcionários; via o que meu pai fazia e pensava que era um desperdício. Durante muitos anos julguei seu comportamento e seu modo de viver. Decidi que não seria como ele e que sempre buscaria crescer e expandir.

Foi somente com mais maturidade e depois de enfrentar desafios pessoais que pude, enfim, perceber beleza na maneira de viver de meu pai. Ele sempre fez questão de deixar claro que a prioridade era a família. Quando éramos crianças pequenas, ele fazia plantões noturnos no hospital para complementar a renda e conseguir um dinheiro extra. Um dia, enquanto ele estava saindo de casa para o plantão e esperando o elevador do prédio chegar, minha irmã se agarrou nele e começou a chorar, pedindo que ele não fosse. Naquele mesmo dia ele decidiu que abandonaria os plantões, mesmo que ganhasse menos dinheiro, para estar mais perto da família. E assim ele fez. Desde então, lembro de ele sempre chegando cedo em casa, antes de anoitecer; e, conforme foi ficando mais velho, foi trabalhando cada vez menos e chegando cada vez mais cedo.

Esse foi um grande ensinamento para mim, e algumas vezes conversei com meu pai sobre isso. Perguntei se ele não tinha vontade de crescer e ganhar mais, de expandir os negócios. Ele me respondeu: "Para quê?". E eu não soube o que dizer a ele. Meu pai sabia o que era suficiente para ele.

Não digo que todos devem viver assim, claro, e certamente existem pessoas que precisam de desafios maiores e têm como missão de vida alcançar mais pessoas e expandir, mas acredito que saber o que é suficiente para nós é algo que todos devem buscar. Uma medida pessoal, individual, que faça sentido para você; para que a cada dia, quando você sentir que fez o bastante, possa parar – seja de comer pizza, seja de trabalhar – e saber a hora de voltar para casa ou de descansar.

É muito importante conhecermos os nossos limites e sabermos a hora de parar.

MOTTAINAI

"Não joga fora. Ainda dá para usar!
Mottainai jogar fora assim!"

Mottainai é uma expressão japonesa cuja tradução seria algo como "Não desperdice!". Ela expressa uma filosofia de vida e uma forma de estar no mundo, e, por ser uma expressão que ouvi da minha família a vida toda, nunca busquei saber mais de sua origem. Então, para compartilhar esse conceito aqui, fiz algumas pesquisas e descobri que o termo tem origem budista e sugere que devemos utilizar cada recurso ao nosso dispor por todo o tempo possível de sua vida útil.

Essa expressão foi muito utilizada pelos imigrantes japoneses que se instalaram aqui no Brasil, uma vez que a vida deles era difícil e de muita escassez. Assim, meu entendimento é de que essa filosofia se tornou ainda mais essencial para que os recursos fossem bem administrados e nada que ainda pudesse ser utilizado fosse desperdiçado.

Como já comentei, meus avós tiveram condições de vida bem desafiadoras, de escassez e economia de recursos, e desde pequeno escutei minha avó repetir essa expressão inúmeras vezes – e vi, anos depois, meu pai honrar esse legado. Ele vivia esse conceito em todas as coisas. Quando um tubo de pasta de dentes estava chegando ao fim, ele o espremia o máximo possível.

Às vezes, até usava o cabo da escova de dente, pressionando o tubo contra a pia, para conseguir tirar o máximo daquele produto. Minha mãe, dentista e avessa a essa economia excessiva, ficava horrorizada de ver essa cena (e sempre ríamos juntos). Era a mesma coisa com o sabonete. Em vez de ir para o lixo ou acabar se dissolvendo, o pedacinho final de um sabonete usado se unia a um novo, tendo sua vida útil aumentada. Quando uma fruta começava a dar sinais de que não estava mais tão boa, meu pai tirava apenas a parte escura e comia o que ainda estava bom.

Naturalmente, relutei muitas vezes em seguir essa ideia e reclamava de tanta economia. Achava que era um exagero e que não havia problema jogar fora algo que ainda tinha um restinho a ser aproveitado. Aos poucos, porém, fui percebendo o valor das coisas e aprendendo a honrar esse poderoso conceito.

Confesso que meu pai exagerava nessa filosofia. Tanto era verdade que ele tinha tendência a ser uma pessoa acumuladora e que não jogava nada fora. Ele guardava tudo; para ele, tudo poderia ter uma utilidade no futuro. Seu armário de ferramentas era cheio de cacarecos que ele ia guardando e que poderiam ter alguma utilidade em algum momento da vida. Eram pedaços de barbante, elásticos, fitas, embalagens de presente, até mesmo os arames que vinham nas embalagens de pão de forma. Acredito que meu pai tinha razão no raciocínio e na prática diária dele, mas vejo hoje, também, que é importante tomar cuidado para não pender para o acúmulo de coisas pelo medo do desperdício.

Conforme fui aprendendo mais sobre sustentabilidade e sobre os desafios que temos no planeta, fui tomando consciência da importância de reaproveitar ao máximo as coisas e de não comprar demais. E, conforme minha consciência ambiental foi sendo expandida, sempre me lembrava da filosofia do meu pai. Se todas as pessoas aplicassem o *mottainai*, certamente teríamos um mundo com menos desperdício e menos lixo.

SER CORRETO

"Honestidade não é virtude."
"Como não?"
"Não é virtude; é obrigação."

Esse é o trecho de uma conversa que tive com meu pai há alguns anos. As virtudes humanas constituem a linha mestra do meu caminho de desenvolvimento pessoal, e nos últimos anos tenho me aprofundado em estudos e pesquisas a respeito desse tema. Tenho, sobretudo, procurado vivenciar na prática as mais diversas virtudes.

A cozinha da casa dos meus pais era o lugar onde mais conversávamos. Era sentados à mesa que nos reuníamos para as conversas importantes e decisões familiares, e também era a cozinha o palco das conversas do dia a dia e das partilhas do que estava acontecendo em nossa vida.

Numa dessas conversas, entramos no tema da virtude. Compartilhei meus aprendizados recentes e comecei a falar sobre as diferentes virtudes que estava procurando trabalhar – entre elas, a honestidade. Foi nessa hora que ele me interrompeu e disse que honestidade não era virtude.

Contestei e perguntei o porquê de ele achar aquilo.

Ele disse então que algumas coisas eram obrigações morais de todo ser humano e que não deveriam ser enaltecidas como qualidades ou virtudes. A honestidade era, segundo sua visão, uma dessas coisas. As virtudes, como a disciplina ou a paciência, podem ser aperfeiçoadas e desenvolvidas. Uma pessoa pode se tornar mais disciplinada e mais paciente com o tempo, mas, para ele, honesto é algo que ou você é ou você não é. Uma pessoa não vai se tornando mais honesta com o tempo.

Uma característica muito marcante do meu pai era, justamente, o quanto ser correto era importante para ele; era um fato inegociável e que jamais deveria ser questionado. Acredito que essa seja mais uma característica que ele herdou dos meus avós e que faz parte da cultura japonesa.

Esse princípio se aplicava em todas as situações da vida. Ser honesto era pagar tudo corretamente, não ficar devendo nada para ninguém, não fazer nada que pudesse prejudicar outra pessoa, não aceitar corromper seus valores nem fazer parceria com pessoas de caráter duvidoso.

Lembro de uma viagem que fizemos em família. Meu pai fez uma compra e, na hora de pagar, a vendedora da loja estava sem troco no caixa e ele também não tinha o valor exato para dar. Meu tio, que acompanhava a cena a distância, se aproximou, esticou o braço e deu as moedas que faltavam. Seguimos viagem. Assim que meu pai teve a oportunidade, parou numa outra loja, pediu para trocar o dinheiro, conseguiu moedas e pagou meu tio – que não quis aceitar, mas meu pai fez questão. Depois, ele me revelou em segredo: "Não gosto de ficar devendo nem um centavo. E, sempre que fico devendo, preciso acertar o mais rápido possível, senão depois esqueço e fico com a dívida".

Mas como se aprende a ser correto? Como isso funciona na prática? Acho que o que vale é mais o exemplo e a referência de conduta do que uma dica prática. E, para mim, este é um dos principais papéis de um pai ou de um familiar: ser um modelo de conduta e valores aplicados na prática. Existem coisas que não são conversadas, mas sim observadas no comportamento de cada pessoa. Eu convivia muito com meu pai e sabia como ele se comportava em cada situação. Sabia que ele recusaria qualquer oportunidade de se dar bem à custa de outra pessoa ou de fazer algo ilegal. Isso foi sendo naturalmente incorporado por mim e aplicado em minha vida.

Sei que muitas pessoas infelizmente não tiveram uma referência como eu tive; acredito que isso contribui para que muita gente acabe repetindo clichês como "é o jeitinho brasileiro" ou "é assim que o jogo funciona".

Ter uma referência tão importante de alguém que não replicava esses comportamentos e não reproduzia essas ideias me ajudou a formar o meu próprio caráter e foi um corrimão importante em muitos momentos da minha vida em que me vi envolvido com pessoas e situações que iam de encontro a meus valores.

Meu pai dizia que fazer as coisas certas e ser correto era fundamental para conseguir dormir bem. Ele já me contou histórias de trabalhos que deixou quando percebeu que havia coisas erradas acontecendo, e que sair de situações como essas sempre foi a melhor escolha possível. Para estar em paz, é preciso estar em paz com o passado. Procurar ser uma pessoa correta e fazer o bem é uma prática da qual ninguém costuma se arrepender. Naturalmente que meu pai não era impecável e tinha suas contradições. Mas isso também faz parte do caminho de desenvolvimento de um ser humano. Querer ser perfeito é um equívoco, mas comprometer-se com o processo de aperfeiçoamento e ter como norte o melhor comportamento possível: este é o caminho das virtudes.

*Para estar em paz,
é preciso estar em paz
com o passado.*

ESCOLHENDO FRUTAS

"Essa não está boa. Quero aquela ali. Também não está boa. Me alcança aquela outra."

Ir à feira livre ou ao sacolão com meu pai era uma experiência. Por ter crescido na roça, trabalhado no campo e ser filho de agricultores, ele adquiriu um bom conhecimento sobre natureza, plantio e colheitas. Com o tempo, foi se tornando um verdadeiro especialista em saber quando uma fruta estava boa.

Em casa, sempre tínhamos muitas frutas. Meu pai se encarregava das compras de casa e pelo menos duas vezes por semana ia ao hortifrúti para deixar a casa abastecida de verduras, legumes e frutas.

Quando morávamos juntos, eu o acompanhava algumas vezes nessas compras. Digo que era uma experiência porque era uma forma de testemunhar a eficiência da mente do meu pai em ação. Ele ia sempre aos mesmos estabelecimentos. Já sabia quais eram os mais baratos e somente frequentava esses lugares. Quando chegávamos, ele me apontava uma direção e dizia para eu buscar o carrinho de compras. Enquanto isso, já se dirigia a um dos corredores. Tinha na mente a logística sistematizada de qual caminho percorrer dentro do estabelecimento. Sabia onde ficava cada produto e já havia experimentado diferentes ordens até encontrar o caminho de maior eficiência. Eu ficava até meio atordoado de tão rápido que ele era. Enquanto eu ficava olhando os produtos, tentando me localizar ou descobrir onde poderia estar um determinado item, ele já tinha colocado uns três ou quatro no carrinho e se encaminhava a outra seção. Normalmente os estabelecimentos deixam algumas frutas já embaladas, ou separadas em saquinhos e bandejas. Meu pai não gostava de pegar qualquer bandeja. Ele analisava fruta por fruta, uma por uma; se numa das bandejas houvesse alguma fruta que não estava boa, ele pedia para trocar. Tinha tanta autoridade nesse assunto que as pessoas que trabalhavam nas bancas de frutas o respeitavam. Parecia que ele era o dono do lugar.

O que eu aprendi com meu pai nessas experiências é a importância de saber escolher. Se você não sabe escolher, alguém vai escolher para você; mas, se você sabe o que é bom, tem autonomia para levar para casa o que existe de melhor. O que eu acho legal é que isso é um processo. Vamos aprendendo e nos aperfeiçoando na arte de escolher. Depois de mais velho, passei a fazer as compras; chegava em casa achando que havia honrado meu pai e selecionado os melhores produtos, mas recebia críticas dele, que dizia que eu tinha escolhido errado, que as folhas não estavam bonitas ou que alguma fruta estava passada. Então, eu esperava a semana seguinte para tentar mais uma vez e ir aprendendo com cada nova escolha.

Outra coisa que aprendi com meu pai nessas idas ao mercado e ao sacolão é estar atento aos preços. Ele sabia quando era hora de comprar uma fruta e quando não era. Os preços acompanham uma sazonalidade; se um item está fora de sua época de colheita, seu preço vai aumentar. Para o meu pai, um aumento significava que já não era mais hora de comprar. Assim, sempre consumíamos o que existia de mais fresco, acompanhando o movimento da natureza. Muitas vezes eu falava "Vamos comprar morango?", e ele respondia "Agora não é época de morango", mesmo que estivesse ali disponível para venda.

*Se você não sabe escolher,
alguém vai escolher para você.*

SE DIVERTIR COMO CRIANÇA

"Deixa eu te contar como mandei bem hoje!"

Meu pai não era um cara de muitos hobbies ou que gostava de estar sempre fazendo coisas novas. Ele gostava de poucas coisas, mas, quando gostava, era com muita intensidade. Consigo até listar nos dedos: futebol, jardinagem, cerveja, viagens e cartas, sendo o pôquer a sua maior diversão.

Durante um bom tempo, tive um conflito com sua paixão pelo pôquer e por jogos de azar. Apesar de eu também gostar desses jogos, sempre tive dentro de mim a percepção de que não era algo legal e que perder dinheiro em jogos não era nada saudável. Entretanto, meu pai costumava jogar pôquer só com meus tios e alguns amigos. Eles se reuniam aos finais de semana, para um almoço ou jantar, e na maioria das vezes se sentavam para uma partida. Quando criança, eu observava os adultos sentados à mesa e sonhava poder fazer a mesma coisa. Achava que aquilo era coisa de gente grande.

Com o tempo, fui percebendo como o humor do meu pai era influenciado pelo seu desempenho nos jogos. Quando ele ganhava, era visível que tinha se dado bem. Chegava em casa feliz, radiante, e adorava contar as histórias. Porém, quando perdia, também o demonstrava na sua postura e no seu silêncio.

Depois de adulto, cheguei a acompanhar meu pai em alguns eventos e me sentar à mesa com ele. Houve momentos em que eu não quis mais participar e compactuar com esse hábito. Tivemos conversas sinceras nas quais pude expressar minha preocupação com o envolvimento dele com o pôquer e checar se estava tudo bem nessa relação. Ele sempre me tranquilizava e me explicava por que aquilo não era um problema. Meu pai sempre foi um cara econômico e que detestava perder dinheiro, então, ele sabia o seu limite e os valores que poderia investir numa brincadeira. Com algumas raras exceções, ele conseguia se respeitar e, por isso, eu o respeitava também. Cheguei a dizer para ele: "Se você está dizendo isso, eu acredito e confio em você".

Mas o que quero trazer aqui neste relato é dividir com você como era bonito ver a alegria genuína dele nos dias em que ganhava. Quando morávamos juntos, me lembro bem de escutá-lo chegar em casa e ir direto para o meu quarto. Eu sabia que, se ele estava caminhando direto para o meu quarto, é porque tinha se dado bem. Ele abria a porta com um grande sorriso e começava a contar as jogadas que tinha feito, se vangloriando das suas estratégias e mostrando como tinha sido gostoso jogar naquele dia.

Eu me emociono ao lembrar desses episódios porque consigo me conectar com o seu olhar puro de criança. Nesses momentos, enquanto meu pai se divertia, era possível enxergar o menino que ele havia sido. O brilho no olhar e a empolgação de quem não conseguia se conter. Naqueles momentos, toda a forma contida e séria que ele aprendera de ser adulto e pai se derretia, e quem se apresentava ali era o menino.

Lembro de uma conversa que tive com a minha irmã sobre isso. Eu disse a ela: "Acho que não consigo me divertir tanto quanto ele em nenhuma atividade". Não que eu fosse uma pessoa que não soubesse se divertir – eu sempre soube como fazer isso –, mas não conseguia me expressar com essa entrega e alegria da mesma forma que ele.

Esse é mais um dos aprendizados que tive e que tento incorporar na minha vida. Se divertir como criança, mesmo depois de adulto, deixa a vida mais leve, fazendo com que a gente dê espaço para a nossa criança interior (que sempre quer vir à tona), e ainda faz a gente se reconciliar com o passado. Dar espaço para a criança que há em mim se expressar livremente em mais situações, tal como meu pai fazia quando se divertia nos jogos.

*Se divertir como criança,
mesmo depois de adulto.*

COMO SE FOSSE A PRIMEIRA VEZ

"Vai indo na frente pra você reservar para a gente a primeira fileira do ônibus."

Meu pai e minha mãe viajavam com uma certa frequência; pelo menos uma vez por ano, faziam uma viagem de férias. Ao longo dos quase quarenta anos de casados, puderam conhecer muitos lugares juntos, e eu os acompanhei em algumas dessas viagens.

Nas viagens de avião, meu pai era obcecado por se sentar à janela. Nos ônibus de excursão, a obsessão era sentar-se na primeira fileira. Ele gostava de ver o mundo com seus olhos. Talvez isso explique o fato de ele ter se tornado médico oftalmologista. Ele gostava de ver as coisas.

Quando eu e minha irmã éramos crianças, tínhamos o privilégio do assento preferencial da janela, mas, depois de mais velho, percebi que ele gostava da janela mais que todos nós. Minha mãe conta de um episódio em que viajavam apenas ela e meu pai. Entraram no avião e descobriram que seus assentos ficavam no corredor e no meio. Ele ficou no meio e ela, no corredor. No assento da janela, havia um outro homem que estava viajando sozinho.

Meu pai estava tão interessado na vista da janela que praticamente colocou a cabeça por cima do cara, se debruçando sobre ele. O homem ficou um pouco desconfortável, percebeu o interesse do meu pai por aquela janela, virou-se para ele e perguntou: "O senhor quer se sentar aqui?", oferecendo-se para trocar de lugar. Meu pai ficou sem graça, recusou a oferta e se acomodou melhor na sua poltrona, deixando a vista da janela de lado por uns instantes. Todas as vezes que viajávamos de avião, nos lembrávamos dessa história. A gente brincava e dizia: "Parece que você nunca viajou de avião".

Conto essa história, pois acredito que ela guarda um ensinamento simples e valioso: "Fazer as coisas como se fosse a primeira vez". A vida adulta pode ser chata e sem graça se nos acostumarmos com as coisas que nos encantam. Para o meu pai, não importava quantas vezes ele já tivesse viajado de avião, ou quantas vezes tivesse decolado do mesmo aeroporto, ele sempre via com os mesmos olhos de encantamento, que brilhavam quando via o mundo de cima.

A vida adulta pode ser chata e sem graça se nos acostumarmos com as coisas que nos encantam.

ACORDAR CEDO

"Pula da cama! Se você enrolar na cama, fica com mais preguiça!"

Era assim que meu pai me despertava todos os dias na época do ensino médio, período em que me levava para a escola. Acordávamos todos os dias às cinco e meia da manhã. Meu pai sempre foi do time dos que acordam cedo. Não era apenas um hábito, mas uma filosofia de vida. Acordar cedo fazia parte tanto da sua programação diária quanto da sua programação mental, e mesmo aos finais de semana ele também acordava cedo. Nas raras vezes em que dormia até mais tarde, ficava o dia todo se queixando de que quando não acordava cedo passava o dia todo mais cansado.

Meu pai tinha sua forma peculiar de ensinar e influenciar. Ele não era do tipo que abria uma conversa, que explorava um assunto por diferentes perspectivas, escutando diferentes lados. Esse é o meu jeito de aprender e compartilhar. Tampouco ele era do tipo que se aprofundava na ciência por trás de cada situação. Ele nunca me mandou um artigo com um estudo que contava os benefícios de acordar cedo, por exemplo. Sua forma de ensinar era praticar, repetir muitas vezes as mesmas frases e influenciar para que seu estilo de vida fosse em algum momento incorporado por nós.

Aos finais de semana, não precisávamos acordar cedo, mas ele despertava cedo mesmo assim. Acordava em silêncio, entretanto sutilmente começava a fazer barulho na casa, como quem quisesse dizer para todo mundo que já estava acordado e que era hora de levantar.

Recordo que uma vez fui viajar para o interior, passar o final de semana na casa de um amigo. Logo de manhã cedo, começava a tocar uma música na casa. Os pais dele acordavam e ligavam o som para que todos na casa acordassem também. Era tipo o sino da igreja batendo às oito, mas com uma música alta. Depois dessa experiência, conectei os pontos e compreendi que meu pai fazia a mesma coisa, mas de forma indireta e velada. Nunca conversamos sobre isso, mas suspeito que nos acordar era a verdadeira intenção por trás da forma estabanada de mexer com as panelas ou de bater com a enxada na terra do jardim pela manhã, ao lado da minha janela. Essa minha teoria se fortalece com o fato de que, todas as vezes que eu reclamava com ele, em vez de se desculpar, ele dava uma risadinha, reconhecendo que havia me acordado de propósito: "Já estava na hora de acordar".

De acordo com a visão do meu pai, se você acorda cedo, faz o dia render. Naturalmente, na minha vida de adolescente e na minha época de baladas, eu queria acordar o mais tarde possível. Quando levantava depois das dez horas, ele sempre dizia a mesma coisa: "Caramba! Como você dorme! Já fiz tanta coisa enquanto você dormia!".

Por conta desses episódios, acordar cedo sempre foi natural para mim. Não tenho dificuldade para levantar da cama nos horários que defino. No entanto, até hoje sinto uma certa culpa quando durmo até mais tarde. Hoje compreendo que tudo na vida é uma questão de equilíbrio e que não existe nada que seja bom para todo mundo. Cada ser humano é um universo e existem muitas particularidades em cada pessoa. Ao mesmo tempo que faz sentido dizer que, ao acordar cedo, se consegue mais tempo durante o período da manhã para ser produtivo, existe uma dimensão que é importante de ser considerada, que é a necessidade de descanso de cada pessoa e o trabalho de regeneração que acontece nos sonhos. Muitas vezes, por escutar a voz do meu pai aqui dentro, eu levantava da cama quando o que eu realmente precisava era descansar. Assim, acabava passando o dia cansado ou tinha que dormir no meio da tarde para aguentar o resto do dia.

Gosto de pensar que o melhor é cada um encontrar uma forma de viver que faça sentido para si. Faça as coisas porque acredita serem boas para você e por sua própria vontade, e não porque alguém te disse ou porque você acha que "tem que". Por conta das convicções do meu pai sobre sua prática de vida, muitas vezes acabei sendo guiado por um "tem que" que era, na verdade, a voz dele ecoando dentro de mim.

Faça as coisas porque acredita serem boas para você e por sua própria vontade, e não porque alguém te disse ou porque você acha que "tem que".

O TIME
DO CORAÇÃO

*"Ele escolheu torcer para outro time.
É a escolha dele."*

O futebol teve um papel muito importante na minha vida. Desde criancinha, sempre gostei de chutar uma bola, assistir aos jogos, ir ao estádio, colecionar figurinhas, jogar videogame. Meu pai certamente teve grande influência nisso, uma vez que era um grande apaixonado pelo esporte. Era aquele tipo de homem que é capaz de ficar o dia todo vendo futebol, três ou quatro partidas no mesmo dia. Das finais dos jogos dos grandes clubes europeus até os jogos sub-20 de segunda ou terceira divisão do Brasil, não importava quem estava jogando; se era futebol, ele assistia. Quando os jogos eram de grande qualidade, ele se deliciava vendo os craques e apreciando o estilo de jogo. Quando eram jogos de times desconhecidos e divisões inferiores, seu objetivo era identificar jovens talentos e possíveis craques. Uma das coisas de que ele mais gostava era de se vangloriar de ter falado de um jogador antes de ele despontar e ser reconhecido pelos grandes clubes e pela mídia. Dizia que poderia ser olheiro de um time de futebol.

Agora, imagine o desafio que é para um homem corintiano roxo, apaixonado por futebol, ver seu filho escolher torcer para o time adversário. No caso, eu escolhi torcer para o São Paulo. Para quem não se interessa por futebol, pode parecer irrelevante, mas essa escolha diz muito sobre como foi a minha relação com meu pai e esconde informações preciosas sobre o comportamento dessa relação entre pai e filho.

Aparentemente, não tem nada de mais. Pode ser apenas uma questão de circunstância. Naquela época o time do São Paulo ganhava tudo, foi bicampeão mundial e tinha craques como Raí, que era meu maior ídolo no esporte. Tive também a influência do meu primo, que era são-paulino roxo – e foi uma referência importante para mim também no meu desenvolvimento. Então, por afinidade e por essa circunstância, me pareceu uma escolha natural. Meu pai, obviamente, ficou bem chateado, e meu primo, muito feliz. Um agravante foi que minha irmã Sheila escolheu o mesmo caminho.

Por trás desse fato simples e aparentemente sem relevância, porém, se oculta uma característica importante que pode ser observada. Eu escolher um time diferente do time do meu pai foi minha primeira demonstração de personalidade. O recado que aquela criança de 6 anos queria dar era: eu não sou como você.

Eu me considero um grande observador dos seres humanos. Muito do meu processo de autoconhecimento se deu por observar a mim mesmo e as pessoas que conheci ao longo da minha vida. Uma das coisas que percebi é que as relações familiares costumam ser baseadas em dois comportamentos distintos. O primeiro é, por lealdade, fazer o que os pais fazem. Muitas pessoas escolhem suas profissões assim, vivem seus relacionamentos como o do pai e da mãe e adotam comportamentos parecidos, repetindo o mesmo padrão. O segundo comportamento é fazer o contrário do que os pais fizeram. Isso pode acontecer por traumas, por relações difíceis, ou simplesmente por características da personalidade. Não importa muito e não existe um certo ou errado aqui, mas observar o nosso comportamento, compará-lo com o dos nossos pais e refletir sobre o porquê de cada escolha é um caminho importante para o autoconhecimento. Por que eu faço o que faço? Por que escolhi essas crenças? Por que me comportei dessa maneira?

Quando percebemos que nossas escolhas são influenciadas direta ou indiretamente pelas outras pessoas, podemos criar uma ponte para a descoberta de quem somos e como realmente queremos ser.

Assim, eu olho para minha história e vejo que desde pequeno existia uma parte minha que queria ser diferente do meu pai. Hoje, depois de mais velho, um pouco mais desapegado do futebol e sem meu pai por aqui, penso que seria mais legal se eu tivesse torcido para o Corinthians. Talvez eu pudesse ter aproveitado melhor sua companhia e desfrutado de mais momentos junto com ele. Apesar dessa diferença, meu pai me levou muitas vezes aos jogos do São Paulo no Estádio do Morumbi. Eu também cheguei a acompanhá-lo em alguns jogos do Corinthians, mas era sempre uma relação de parceria, na qual estávamos lá mais pelo outro do que por nós mesmos. Fico imaginando que teria sido muito legal poder estar no estádio com meu pai, torcendo para o mesmo time, comemorando os gols com um grande abraço e voltando felizes juntos para casa.

Ao mesmo tempo, gosto de refletir e me colocar no lugar da outra pessoa. O que será que essa minha escolha significou para ele? Quais emoções foram despertadas? Com quais crenças ele teve que lidar? Uma vez, na faculdade, contei a um amigo que meu pai era corintiano, e eu, são-paulino. Ele disse: "Nossa, seu pai tem que perder o diploma de pai". Aquilo me incomodou, mas também sei que era apenas sua perspectiva. Mas eu reflito: será que meu pai também teve que lidar com esse julgamento dos próprios amigos?

Para mim, o mais legal dessa história toda é que ele sempre me respeitou, nunca impôs nada ou determinou que eu precisaria ser isso ou aquilo. Ele foi aprendendo, do jeito dele, a lidar com a minha personalidade, a respeitar as minhas escolhas e a encontrar uma forma de se manter conectado a mim.

Observar o nosso comportamento, compará-lo com o dos nossos pais e refletir sobre o porquê de cada escolha é um caminho importante para o autoconhecimento.

COMPETIÇÃO

"Não basta ser pai, tem que participar."

Essa frase era o slogan de uma propaganda de anti-inflamatório. Mas lembro do meu pai repetindo ela várias vezes ao longo da minha infância. E uma das coisas que eu mais desejava era que meu pai pudesse participar de tudo o que eu fazia. Ele sempre foi muito participativo nas atividades da minha infância. Mas nos meus trabalhos e serviços depois de mais velho, ele não tinha tanto interesse. Uma das exceções foi uma participação dele em uma das vivências que organizei e que me trouxe um aprendizado muito rico e profundo.

Éramos cerca de vinte homens participando daquela atividade. Naquele momento, eu pensava em somente uma coisa: superar o meu pai. Estávamos em uma vivência de arco e flecha, chamada arquearia meditativa, com o meu amigo Fernando, mestre das artes marciais. Foi um evento que organizei com alguns amigos do Brotherhood – um dos meus projetos profissionais, um caminho de desenvolvimento pessoal para homens – e a única vez que meu pai participou de um evento desse tipo.

Não era uma atividade de competição; era apenas uma vivência para praticarmos arco e flecha, conectada aos benefícios da prática da respiração e da meditação. O ponto principal ali não era o alvo, mas sim o processo. Mesmo tendo iniciado essa atividade pela manhã, foi somente lá pelo meio da tarde que me dei conta do que estava acontecendo dentro de mim. Eu não me importava se meu desempenho fosse pior que o de qualquer um dos homens ali presentes; eu só não queria ficar atrás do meu pai. Foi naquele momento que me dei conta do quanto eu vivia competindo com ele.

Meu pai sempre foi um cara muito habilidoso e com uma inteligência acima da média. Era bom nos esportes e nos jogos, e seu lugar de maior destaque certamente era o futebol. Dizia que uma de suas maiores frustrações era não ter sido jogador de futebol profissional. Ele realmente era bom de bola, e meus tios atestavam que ele tinha mesmo esse potencial.

O mundo do futebol tem alguns códigos, e um deles é a cobrança que recai sobre o filho de um pai bom de bola. A expectativa, tanto por parte do próprio pai como dos amigos, é que o filho também seja um bom jogador. Eu nunca consegui corresponder a essa expectativa. Na faculdade, meus amigos tiravam sarro de mim dizendo que meu pai – que já deveria ter mais de 50 anos na época – jogava melhor que eu.

Mas a verdade é que essa minha falta de habilidade não era apenas no futebol, já que eu não conseguia vencer meu pai em praticamente nada. Eu perdia no tênis, no pingue-pongue, na sinuca, no jogo de buraco, nas damas e no xadrez. E ele sempre foi muito competitivo, logo, não era daquele tipo de pai que deixa o filho vencer para ficar feliz. Sempre fazia questão de ganhar, levando a sério qualquer brincadeira em que houvesse uma disputa.

Naquele dia, com o arco e flecha nas mãos, me dei conta do padrão inconsciente que existia na minha mente. Eu buscava uma forma de vencer o meu pai e provar que poderia superá-lo. Compreendi que era uma espécie de programa que rodava automaticamente dentro de mim e que ficava o tempo todo buscando uma oportunidade de mostrar que eu era capaz de ser melhor que ele em algo. Um programa que estava constantemente ativado, rodando em segundo plano por trás de cada pensamento, e que vez ou outra encontrava uma forma de se manifestar. Foi assim no arco e flecha, mas também era assim na minha relação com o dinheiro, sobretudo nas minhas escolhas profissionais. Eu quis seguir o meu caminho sempre tentando provar que era capaz de fazer minhas próprias escolhas e prosperar a partir das minhas próprias ideias.

Só depois fui perceber, escutando histórias de diferentes homens, que essa competição entre pais e filhos homens é mais comum do que eu imaginava. De maneira inconsciente, os filhos tentam superar os pais, e estes, também de maneira inconsciente, procuram defender seu espaço; algumas vezes, de forma tóxica, acabam diminuindo os filhos, desempoderando-os para não se sentirem ameaçados. Isso costuma, por exemplo, aparecer em narrativas de filmes e séries em que existe uma família real e um príncipe em busca de superar o pai, o rei.

Quando compreendi essa dinâmica, minha relação com meu pai mudou muito. Passei a ficar atento aos meus comportamentos com ele e lentamente fui descobrindo e revelando dentro de mim situações em que eu estava competindo e fazendo novas escolhas. Aos poucos, sem essa competição dentro de mim, fui abrindo espaço para admirar o meu pai e aprender as habilidades dele, sem me comparar ou me julgar inferior.

De maneira inconsciente, os filhos tentam superar os pais, e estes, também de maneira inconsciente, procuram defender seu espaço.

PISAR EM SOLO FIRME

> *"Eu não quero que você deixe de fazer as mudanças. Só quero que você pise em solo firme."*

Segurança era um dos principais valores do meu pai. Caminhar em terreno seguro era uma das coisas mais importantes para ele. Tudo que fugia do convencional, que trazia riscos e envolvia o desconhecido, ele preferia evitar. Uma das coisas que ele dizia era: "Besteira. Para que mexer com essas coisas?".

Logo cedo passei a desafiar essas crenças do meu pai. Aos 24 anos, decidi deixar o mundo corporativo, abandonar uma promissora carreira numa multinacional e ir em busca de mim mesmo. Naquela época, tudo estava indo bem. Eu era jovem, recém-formado em uma das melhores universidades do Brasil, já começava a desfrutar dos benefícios da uma grande empresa, tinha muitas regalias, uma certa dose de status, com viagens, celular e carro corporativo, e a confiança dos diretores da companhia, mas algo dentro de mim dizia que não era esse o meu caminho. Não era lógico, mas era intuitivo.

Quando as coisas começaram a caminhar por essa esfera mais subjetiva da realidade, nossa diferença de visão se acentuava. Quando decidi pedir demissão da empresa, meu pai não me reprovou nem me desautorizou. Ele sabia que eu era um homem adulto e capaz de fazer minhas escolhas, mas sempre dizia para eu pensar melhor. Nesse episódio, ele disse que a vida era difícil mesmo e que eu não devia querer mudar as coisas de repente. Entretanto, meu lado impulsivo e os direcionamentos do meu coração nunca quiseram esperar. Quando eu sabia que não era ali onde deveria ficar, já tomava a decisão de mudar.

Foi assim algumas vezes. Mudanças de emprego, inícios de novos negócios, novos projetos. Os últimos dez anos da minha vida foram marcados por inúmeras mudanças, recálculos de rota, experimentações e tentativas de ideias sendo colocadas em prática. Tudo isso gerava grande desconforto no meu pai e exigia dele um nível de aceitação de quem eu era, o que deve ter sido desafiador.

No fundo, o que me dava a confiança de arriscar e sair em busca da minha verdade era a certeza que eu tinha de que meus pais estariam lá para me apoiar em caso de dificuldade. E isso realmente aconteceu. Em alguns momentos da vida, precisei do apoio financeiro e da retaguarda do meu pai, o que foi fundamental para que eu conseguisse fazer uma travessia de vida e me firmar no meu caminho.

Ter um pai presente, participativo e com capacidade de prover é como ter um time de futebol que joga com um bom goleiro: dá segurança para toda a equipe e permite que o time jogue de forma mais agressiva. É diferente de quem precisa se virar por conta própria, sem poder contar com essa retaguarda.

O meu desejo de mudança era tão grande e os impulsos do meu coração tão fortes que eu era incapaz, no passado, de agir de forma diferente. Hoje, um pouco mais maduro, percebo que me faltavam virtudes que me permitiriam levar as coisas de outro jeito, com mais tranquilidade, preparando as transições, aguentando um pouco mais e fazendo as coisas com mais segurança.

    Meu pai me dizia que não queria me podar. Ele queria apenas que eu pisasse em solo firme, para poder fazer as coisas com segurança. Hoje, sem meu pai aqui, percebo que essa já é uma necessidade. Acredito que esse seja o processo natural de ficar adulto: eu me responsabilizar por mim mesmo e me tornar capaz de ser para outras pessoas o que meu pai foi para mim. Quero poder oferecer a segurança que ele me deu.

Ter um pai presente, participativo e com capacidade de prover é como ter um time de futebol que joga com um bom goleiro: dá segurança para toda a equipe e permite que o time jogue de forma mais agressiva.

POUPAR

*"Você deve poupar pelo menos
10% de tudo que ganhar."*

Esse foi o conselho do meu pai quando comecei a trabalhar, aos 18 anos. Eu sempre quis ser adulto. Desde criança, via meus pais e meus tios fazendo coisas de adulto, tendo conversas de adulto, resolvendo coisas de adulto. Eu adorava aquilo. Sempre tive uma afeição às pessoas mais velhas e queria participar logo desse mundo. Quando me tornei maior de idade, já na faculdade, comecei a trabalhar. Consegui meu primeiro estágio e senti que ali iniciava a minha vida de adulto. Eu tinha "chegado lá" e virado gente grande.

Aos 18 anos, iniciando uma carreira no mundo corporativo, eu olhava para minha vida e via uma estrada livre. Iniciando como estagiário, eu tinha à minha frente um caminho aberto onde eu só podia crescer. Sabia que a tendência era ganhar cada vez mais dinheiro; dessa maneira, pensar no meu futuro e na minha aposentadoria era algo que não fazia o menor sentido naquela época. Eu pensava que poderia gastar tudo que ganhava e desfrutar de tudo que não podia quando dependia do meu pai, achando que teria tempo suficiente lá na frente para me preocupar com a poupança. Deixaria isso para quando tivesse um supersalário e me sobrasse muito dinheiro.

O problema é que as coisas somente podem ser iniciadas no agora. Tudo que é deixado pra depois tende a não acontecer, porque esse depois nunca chega. Assim, vivi muitos anos de gastança, sem me preocupar com meu futuro, sem poupar para momentos de necessidade. Foi só quando minha vida tomou um rumo diferente, quando decidi deixar o mundo corporativo e começar a empreender, que percebi que teria sido importante ter me preparado melhor para esse momento.

Quem já empreendeu sabe dos desafios e riscos que existem em iniciar novos negócios. Durante muito tempo vivi na instabilidade, de mês em mês, vendendo o almoço para pagar a janta. Em alguns momentos, me meti em enrascadas que me fizeram ter que colocar meu orgulho no bolso e ter a humildade de pedir ajuda para o meu pai. Essas conversas nunca foram fáceis; eram sempre carregadas de medo, brigas e lições de moral que ele aproveitava para me dar. Porém, ele nunca deixou de me ajudar. E então ele repetia: "A partir de agora, você vai economizar e começar a poupar". Eu garantia que faria isso, mas a realidade que se apresentava era um pouco diferente e eu seguia fazendo as coisas praticamente do mesmo jeito.

O que pude perceber, depois de refletir bastante sobre essa minha dificuldade de poupar, era que eu não sabia como fazer e não tinha as virtudes necessárias para isso. Não tinha a firmeza e a austeridade para negar meus desejos imediatos e estava sempre com a cabeça no futuro, com a certeza de que tudo daria certo. Quando percebi que minhas estratégias não estavam funcionando e que eu vivia competindo com meu pai, tentando provar meu valor e mostrar que era capaz, decidi que o melhor caminho era começar a pedir conselhos a ele.

Então, perguntei: "Pai, como você faz para guardar dinheiro?". Esse movimento foi muito fundamental para mim e marcou uma virada de chave na nossa relação. Até então, eu era o filho orgulhoso que queria fazer tudo do meu jeito e provar que as minhas teorias estavam certas. Daquele momento em diante, passei a ser mais humilde, buscando aprender o que meu pai já sabia, criando uma nova ponte de conexão entre nós dois. Naquela conversa, percebi que a fricção que existia entre nós diminuiu e que nossa relação distensionou.

Ele me respondeu:

"Você não pode contar com todo o dinheiro que entra para gastar. Assim que um dinheiro entrar, já separa. Pelo menos 10% você já separa e coloca numa conta que você nunca vai usar."

Essa disciplina em seguir à risca essa filosofia fez com que meu pai conseguisse juntar um bom dinheiro ao longo da vida. Tudo que é feito com consistência é potencializado com a ajuda do tempo. Todos estes anos seguindo essa fórmula relativamente simples fizeram com que ele pudesse desfrutar de uma vida tranquila e tivesse todos os recursos financeiros necessários para o momento difícil que estava por vir.

*Tudo que é deixado
pra depois tende a não
acontecer, porque esse
depois nunca chega.*

COMEÇOU, VAI ATÉ O FINAL

*"Agora que começou, continua.
Vai até o final."*

Uma das coisas com que sempre tive dificuldade era terminar o que começava. Sempre fui muito bom em começar coisas novas, em me empolgar com o que era novidade, mas minha capacidade de dar continuidade era muito pequena. Era assim com jogos, brincadeiras, leituras e, mais adiante, com projetos e trabalhos. A resiliência de seguir em frente, dar continuidade e até mesmo me aprofundar nas atividades é algo que demorei a conquistar.

Certo dia, estava observando meu pai trabalhar no jardim de casa, um hábito seu de todos os dias. Todo fim de tarde, depois de chegar do trabalho, ele ia para o jardim e trabalhava um pouco. Alguns dias na horta, outros na poda das árvores frutíferas, ou tirando ervas daninhas da grama. Sempre tinha alguma coisa para fazer. Quando eu visitava meus pais no final de semana, sempre passava um tempo com meu pai no jardim. No começo, eu apenas o observava, mas, com o tempo, conforme meu interesse pela natureza foi crescendo, foi também se desenvolvendo em mim uma vontade de aprender a cuidar da terra – confesso que também identifiquei ali uma oportunidade de criar um pouco mais de vínculo com meu pai.

Quando comecei a ajudá-lo, ele me entregava uma enxada na mão e me delegava uma tarefa. "Limpa este canteiro aqui." Eu então começava, superempolgado, em parte por estar fazendo uma atividade nova, em parte por querer mostrar a ele que eu era capaz. No começo, eu era uma máquina de produtividade, trabalhando com esforço, intensidade e concentração, mas, conforme meu corpo ia se cansando, minha motivação diminuía. A velocidade dos meus movimentos ia reduzindo, eu fazia algumas pausas e, aos poucos, a vontade de parar por ali ia crescendo. Eu olhava para o meu pai, como quem pedisse autorização para encerrar o expediente. Então, ele me falava: "Ainda não terminou. Começou, vai até o final". Era uma frase forte o suficiente para me dar um empurrão para continuar e completar a atividade. Algumas vezes, realmente me motivava; em outras, era questão de honra. E confesso que por vezes também era por raiva. Tanto fazia o motivo, eu só precisava terminar para me libertar daquela tarefa da qual eu mesmo fui atrás.

Acredito que a vida é uma prática e que, como diz uma máxima de que gosto muito, "a forma como fazemos uma coisa é a forma como fazemos todas as coisas". Se temos a oportunidade de praticar uma virtude em uma determinada área, mesmo que seja numa atividade simples, banal e aparentemente sem muita relevância, estamos nos capacitando para utilizá-la quando for necessário num outro contexto. Finalizar o trabalho no canteiro da horta com a enxada era uma espécie de treino que me permitia me concentrar mais nos meus projetos e completar algumas atividades que eu tenderia a deixar no meio do caminho. Sempre que começo a querer desistir de uma coisa, a voz do meu pai ecoa dentro de mim e eu penso: *agora que comecei, vou até o final.*

Claro que é importante sempre lembrar que tudo é uma questão de equilíbrio. A essa altura da leitura, você já deve ter percebido como eu acredito que tudo é sobre equilíbrio. Não levar um conselho a ferro e fogo e saber refletir sobre ele fazer ou não sentido na sua vida em cada momento. Cada pessoa deve ser capaz de reconhecer os seus limites, saber observar e identificar a hora de parar. Nem sempre o melhor a fazer é insistir em ir até o fim, que às vezes já chegou e você já deveria ter parado, mesmo que o resultado não tenha sido o que você esperava. Pode haver atividades esperando para serem iniciadas enquanto estamos batendo cabeça para finalizar outras que já deveriam ter sido deixadas de lado.

A forma como fazemos uma coisa é a forma como fazemos todas as coisas.

O TRABALHO
INVISÍVEL

"Tá vendo, vocês acham que é fácil?".

Meu pai sempre foi um cara saudável. Consigo contar nos dedos de uma única mão as vezes em que ele ficou doente. Também não tinha uma profissão que o fazia viajar para diferentes lugares, o que significa que, com exceção das viagens de férias, ele sempre estava em casa, sempre saudável e disponível para fazer tudo que era necessário. Ao contrário da maioria das famílias, em que os homens passam muito tempo fora de casa e o cuidado doméstico se restringe às mulheres, na nossa família era diferente: meu pai conseguiu organizar uma rotina de trabalho que lhe permitia chegar cedo em casa, priorizando estar perto da família.

Além de gostar de ser o provedor da casa, ele assumia muito bem a função de faz-tudo, ou seja, sabia resolver as coisas que precisavam de conserto. Assim, raramente precisávamos contratar algum profissional para resolver questões de manutenção e serviços gerais.

Quando ele ficou doente, precisou ser internado por algumas semanas e depois voltou para casa acamado. Nessa ocasião, começamos a perceber com mais nitidez as atividades que ele realizava e a falta que ele fazia no cuidado de casa. Eu, minha mãe e minha irmã nos revezávamos nas compras de supermercado, nas idas à farmácia para comprar remédios, no hortifrúti que ele dominava, no cuidado com o jardim, no pagamento de cada uma das contas da casa que chegavam, nas pequenas manutenções que pediam nossa atenção. Quase todas essas tarefas eram feitas por meu pai, e era por isso que as coisas funcionavam tão bem e tínhamos tempo para nos dedicarmos às nossas atividades pessoais. Existia uma pessoa cuidando de todo o resto, que, convenhamos, não era pouco.

Meu pai era o responsável pelo trabalho invisível de todos os dias. Claro que sabíamos que ele fazia tudo isso, e acredito que não era um fardo para ele, pois ele desempenhava essas atividades com alegria. No entanto, penso também que não tínhamos noção de como tudo o que ele fazia era pesado e dificultoso. E ele sempre fez isso em silêncio, sem cobrar nada. Tudo bem que às vezes ele dava aquela reclamada, ou estourava quando as coisas não estavam como ele gostaria – acho que era sua forma de colocar para fora as pequenas insatisfações que ia acumulando.

É provável que em cada família exista uma pessoa assim, que faça esse trabalho invisível. Durante o período em que ele esteve acamado, pudemos reconhecer a falta que ele fazia no trabalho de casa e honrar toda a dedicação que ele ofereceu à nossa família. Ele se sentia feliz com o reconhecimento e com um sorriso disfarçado de lição de moral, dizendo: "Tá vendo, vocês acham que é fácil?".

Hoje procuro ser essa pessoa que faz o trabalho invisível e não fica cobrando nada de ninguém. A satisfação de um trabalho bem-feito não está no reconhecimento das outras pessoas, mas em saber que você é capaz de fazer o seu melhor e dar conta das obrigações.

A satisfação de um trabalho bem-feito não está no reconhecimento das outras pessoas, mas em saber que você é capaz de fazer o seu melhor e dar conta das obrigações.

FORMAS DE AFETO

*"De quanto você está precisando?
Me fala que eu te ajudo."*

Meu pai não era um homem carinhoso. Não era muito de abraços, beijos e toques. Tampouco era um homem de elogios e muita comunicação verbal – pelo menos não comigo. Deve ser uma característica de homens com seus filhos homens. Com minha irmã, ele conseguia demonstrar um pouco mais de carinho e sentimento; comigo, a relação era mais de cobrança mesmo. No entanto, ele sempre foi um homem muito presente e com quem eu podia contar. Sua maneira de cuidar era dar essa segurança em forma de estrutura e apoio financeiro. Nos meus aniversários, ele não era do tipo que ia atrás de um presente, de algo para me agradar ou surpreender; em vez disso, ele me dava dinheiro para comprar algo em que eu estivesse interessado ou pagava alguma conta minha.

Sempre fui muito grato por isso, e certamente ele me ajudou em muitos aspectos. Facilitou demais muitas coisas da minha vida. Ao mesmo tempo, não era isso que eu queria que acontecesse. Eu ansiava por outro tipo de conexão com meu pai, mas nunca tive consciência do que era e do que eu esperava dele.

O caminho do autoconhecimento foi me dando chaves e me ajudando a ampliar a minha percepção sobre mim e sobre os meus padrões, me ajudando a observar melhor os meus comportamentos. Uma vez um amigo me disse que tinha percebido que ficava o tempo todo tentando conquistar o seu pai, mostrar que era legal, chamar sua atenção. Ao escutar isso, pensei imediatamente na minha relação com o meu, porque eu me comportava da mesma forma.

Conforme fui crescendo, fomos nos distanciando. Perdi o interesse em temas como futebol, pôquer e cerveja e tinha menos vontade de conversar com ele sobre esses assuntos, que costumavam estar no centro das nossas interações. Eu me aprofundei em temas que ele desconhecia e pelos quais não se interessava, como espiritualidade e questões existenciais, e isso acabou criando um vácuo entre nós. Ao mesmo tempo que eu sentia falta dele e queria estar em sua companhia, nossa relação não era agradável. Era tensa, fria, distante.

Eu já morava sozinho nessa época, e nos encontrávamos aos fins de semana – não todos, mas eu procurava me fazer presente de alguma forma, visitando meus pais na casa deles. Às vezes meu pai me mandava mensagem e me ligava, e era sempre um momento de tensão. Ele não me chamava para saber como eu estava, para procurar saber da minha vida ou para contar uma novidade legal; quando entrava em contato, era para me cobrar de alguma coisa: algo que eu não havia feito, uma multa de trânsito que havia levado, ou uma cobrança que estava chegando em sua casa.

Um dia, tomei coragem e falei: "Pai, você já percebeu que só me liga para me cobrar? Não é gostoso receber suas ligações. Sempre fico tenso quando vejo uma mensagem sua". Àquela época, eu já estava me sentindo mais empoderado, com mais coragem de ter conversas difíceis, e essa foi uma delas. Ele levou um susto e ficou em silêncio, como quem sente um golpe. Disse que iria prestar mais atenção nisso. Não foi algo que mudou de repente, afinal de contas, isso exigiria dele uma transformação muito profunda na sua forma de agir, mas eu consegui perceber que ele estava se esforçando.

Um grande insight que eu tive, que foi uma das grandes viradas de chave na minha vida, foi que a forma que meu pai tinha de dar amor era pelo dinheiro. Então eu, inconscientemente, para me manter conectado ao meu pai e sentir que estava sendo amado por ele, me colocava em situações financeiras desafiadoras. Assim, teria que recorrer a ele e pedir ajuda, e, quando ele me ajudasse, eu saberia que ele me amava. Quando me dei conta desses padrões, pude sair da roda da dificuldade financeira e perceber que eu estava boicotando minha prosperidade. Entendi que eu era amado pelo meu pai mesmo sem precisar pedir dinheiro para ele e que, se eu prosperasse, acabaria encontrando outra forma de me conectar com ele. Foi o fim de um longo ciclo de tensões e de uma relação de dependência que eu tinha com ele.

As relações costumam ter essas dinâmicas ocultas, em que as pessoas ficam conectadas umas às outras por alguma dependência ou relação de poder. Na maioria das vezes, as pessoas sequer imaginam que isso acontece. Essas relações deixam de ser baseadas no incentivo e no estímulo genuíno e passam a ser baseadas na cobrança ou no medo. Acontece uma projeção dos medos de uma pessoa na outra e a lealdade faz com que ela busque sempre honrar esse cuidado e preocupação expressada por essas crenças. É necessário um trabalho profundo de investigação para perceber essas dinâmicas nas relações. Mas, uma vez que são identificadas, uma transformação muito profunda pode acontecer e ressignificar a relação entre as partes, da mesma maneira como aconteceu comigo e com meu pai. Eu me libertei dessa dependência de afeto pelo dinheiro, e isso abriu espaço para que a gente começasse a se relacionar de uma maneira mais profunda e bela.

O caminho do autoconhecimento foi me dando chaves e me ajudando a ampliar a minha percepção sobre mim e sobre os meus padrões, me ajudando a observar melhor os meus comportamentos.

CONVIVÊNCIA

"Aqui sempre vai ser sua casa também."

Passamos ilesos pelo primeiro ano de pandemia. Por alguma dessas sincronicidades que não sei bem explicar como acontecem, voltei a morar com meus pais depois de mais de dez anos morando sozinho alguns poucos meses antes de o mundo entrar em estado de emergência. Foi a oportunidade perfeita para colocar em prática tudo que vinha estudando sobre autoconhecimento, inteligência emocional e relacionamentos nos últimos anos. Tem uma frase creditada ao mestre espiritual Osho que diz: "Se você acredita que se iluminou, vá passar um fim de semana na casa dos seus pais". Os pais costumam representar um grande desafio na vida de qualquer pessoa no que diz respeito a relacionamentos. Agora, imagine passar uma pandemia trancado em casa durante meses com os pais. Apesar de parecer um grande desafio, no meu caso foi uma experiência maravilhosa. Foi uma oportunidade de aprender a ser amigo e companheiro dos meus pais e de perceber o quanto passei a vida toda desejando ter aquele tempo de qualidade com eles.

Durante os primeiros meses de pandemia, quando o mundo ainda não sabia direito o que estava acontecendo e tinha muita gente em pânico, eu, meu pai e minha mãe entramos numa harmonia que eu nunca havia sentido com eles. Ajustamos nossas rotinas, definimos quem ficaria responsável por cada atividade e quantas vezes por semana poderíamos sair de casa, criamos oportunidades para nos divertirmos e nos revezávamos na cozinha e na limpeza. Eu, que sempre gostei de parcerias, fiquei feliz por finalmente poder sentir que estava em uma parceria verdadeira com meus pais. Não que essa parceria não existisse, afinal de contas, como você pôde perceber, convivemos muito juntos e meus pais sempre estiveram presentes na minha vida, mas eu realmente só consegui perceber isso acontecendo depois dessa experiência.

Escolhi voltar para a casa dos meus pais por vontade própria, e não por incapacidade de seguir morando sozinho. Foi uma escolha de fazer uma pausa com eles por um determinado período para poder seguir caminho rumo ao meu novo destino, que até aquele momento ainda estava incerto. Isso fez toda a diferença na forma como eu me comportei durante esse período. Não estava mais naquele lugar de filho dependente; estava lá convivendo com eles como um amigo que vem passar uma temporada.

Essa experiência de convivência me trouxe um grande aprendizado. Depois de um tempo morando sozinho e cultivando meus próprios hábitos, percebi a diferença entre alguns costumes que eu tinha desenvolvido e os que meu pai e minha mãe tinham. Fui observando atentamente as vontades que me surgiam de mudar a forma como as coisas funcionavam na casa deles. Em vez de criticar ou chegar querendo impor uma forma diferente de fazer as coisas, procurei aprender com a maneira como tudo funcionava lá. E foi assim que pude conhecer ainda melhor o meu pai, afinal de contas, ele sempre foi a pessoa mais dedicada aos assuntos domésticos. Tinha suas manias, técnicas e preferências. Era um cara de rotina e tinha sua vida toda sistematizada.

Aos poucos, comecei a dar meus pitacos e sugerir algumas mudanças, por exemplo, comprar produtos orgânicos e fazer a compostagem do lixo. Encontrei uma certa resistência e percebi que não existia tanta abertura; em vez de bater de frente, criticar ou desqualificar os costumes deles ou querer impor o meu jeito, compreendi que aquilo era algo que mexeria nas estruturas da casa. Escolhi, então, um caminho que me ajudou a ficar em paz. Eu faria a minha parte do meu jeito, de maneira que não impactasse na forma deles de fazer as coisas. Eu faria compras complementares com alguns itens que eram importantes para mim, sem que eles precisassem consumir as mesmas coisas que eu, e cuidaria do meu lixo da forma como eu acreditava ser necessária. Passei a adotar a estratégia de fazer as coisas sem esperar nada deles, fazendo simplesmente porque era importante para mim.

Um sinal do meu amadurecimento foi perceber que eu não era vítima das escolhas dos meus pais. Antes eu vivia dessa maneira, me lamentando por meus pais não entenderem ou não aceitarem as sugestões que eu dava. Até que compreendi que eu posso fazer minhas escolhas mesmo assim, mesmo que eles não queiram fazer a mesma coisa ou não compreendam muito o porquê.

O resultado foi que fiquei em paz e ainda tive de bônus a surpresa de vê-los adotando espontaneamente alguns dos meus hábitos. Compartilho essa história aqui porque sei que muita gente tem desafios na convivência com os pais e não consegue encontrar uma relação harmônica ao dividirem o mesmo espaço. Tenho consciência de que não é algo que se muda do dia para a noite e que requer um bom tempo de trabalho interno, terapia e tudo o que estiver disponível, mas acho legal conhecer alguns exemplos que mostrem de forma prática como é possível viver em paz numa relação.

Os pais costumam representar um grande desafio na vida de qualquer pessoa no que diz respeito a relacionamentos.

Parte dois
AUSÊ

NCIA

O COMEÇO
DO FIM

Nunca sabemos o que vai acontecer. Faz parte da nossa existência vivermos sem saber o que está por vir. Sinto que em alguns momentos a gente percebe que algo diferente está acontecendo, entretanto nossa falta de perspectiva sobre os acontecimentos do futuro faz com que a gente não consiga identificar o que significa aquilo que percebemos. Somente olhando para trás é que os pontos se encaixam e conseguimos entender o que passou. Uma das coisas sobre as quais já me questionei muito é se eu saberia quando seria a última vez que eu veria uma pessoa, ou se saberei quando a minha hora de partir tiver chegado.

Hoje, olhando para trás, já sabendo que meu pai não está mais aqui, consigo perceber três momentos em que o seu olhar apontou para um destino diferente daquele que já estávamos acostumados a viver juntos: o olhar de despedida do meu pai enquanto saía de casa para ir ao evento onde ele contraiu a covid-19, o seu olhar ao descobrir que o resultado do teste deu positivo e, por fim, o último olhar que ele me deu antes de entrar em coma. Foram pequenos instantes de eternidade. Dizem que os olhos são os espelhos da alma, e sinto que naqueles três momentos pude ver diretamente a alma dele me dizendo alguma coisa. O que nos cabe é estar presentes para poder reconhecer a profundidade de cada instante e poder fazer o melhor possível de cada experiência.

Foi assim que entramos no período mais difícil de nossas vidas. Foram onze meses de luta para viver, acamado em casa, com cinco internações no hospital, perda considerável de autonomia e um processo muito complicado de definhamento do seu corpo físico. Foi uma despedida aos poucos. Talvez tenha sido o jeito que a vida encontrou de fazer a gente se preparar para viver sem meu pai e de nos despedirmos da forma mais adequada possível, e uma oportunidade que nós tivemos de aprender as últimas lições que podiam ser transmitidas por ele em vida.

O que nos cabe é estar presentes para poder reconhecer a profundidade de cada instante e poder fazer o melhor possível de cada experiência.

ACEITAÇÃO E CONFIANÇA

Estávamos felizes e aliviados. Depois de mais de duas semanas em estado grave, meu pai se preparava para ter alta da primeira internação, que duraria vinte e um dias. Naquele momento, sentíamos uma mistura de fé, alívio, gratidão e muita força. Sabíamos que meu pai havia vencido uma batalha importante na sua luta pela vida. Estávamos no hospital, esperando a resposta dos médicos sobre a sua previsão de alta. Eu, minha mãe e minha irmã nos revezávamos para acompanhá-lo vinte e quatro horas por dia enquanto estivesse internado. Foram dias de rotina intensa, mas fundamentais para dar a tônica do que seriam os próximos meses.

A experiência de estar perto da morte amoleceu o coração duro que meu pai cultivara por anos e o fez encontrar espaço para verbalizar e expressar o amor que tinha pela família. Num desses dias, ele me chamou, pegou na minha mão e disse: "Agora eu consigo compreender seu estilo de vida".

Eu não esperava por aquela fala e respondi: "Não entendi, pai".

Então ele continuou: "Se você estivesse trabalhando numa grande empresa, não conseguiria estar aqui do meu lado". Fechei meus olhos e assenti com a cabeça, fazendo sinal positivo enquanto ele apertava a minha mão. Naquele momento, senti que eu recebia sua bênção. O voto de confiança que sempre busquei a vida toda. Mais que isso, senti que ele enfim tinha conseguido me conhecer de verdade, compreender os meus valores, o que era realmente importante para mim e por que eu fiz algumas escolhas de vida. Aquela conversa abriu um portal e pudemos falar sobre algumas coisas não resolvidas do nosso passado. Aproveitei a deixa para me vulnerabilizar e falei o quanto eu me arrependia de ter tomado algumas decisões que o desagradaram. Disse que na época eu não sabia agir de forma diferente e que, se tivesse a consciência daquele novo momento, levaria a opinião dele mais em consideração. Ele pôde expressar o quanto havia ficado chateado com alguns comportamentos meus, e eu tive a oportunidade de pedir perdão. Não consegui dar um abraço nele, pois ele estava deitado no leito, mas o aperto de mão que demos foi forte o suficiente para ficar marcado nas minhas células. Ficamos numa boa. Ali, naquele momento, selávamos a cura da nossa relação.

Passados alguns instantes, ele me chamou novamente e disse: "Pegue um papel e uma caneta. Quero te passar algumas informações". Suei frio. Eu sabia o que aquela conversa queria dizer. "Vou te passar os dados das minhas contas bancárias. Caso aconteça alguma coisa, você tem essas informações." Meu pai sempre foi controlador e centralizador com as questões financeiras; nunca havia me dito quanto dinheiro tinha, quanto ganhava, nem ficava à vontade em falar de sua vida financeira. Era um sigilo, uma informação somente dele.

Na hora, relutei e recusei. Disse que não era necessário, pois ele estava, na realidade, se preparando para ter alta do hospital. Ele insistiu: "Vai ser importante para mim. Vou me sentir mais seguro se fizer isso e vou conseguir relaxar mais".

Depois de selada a cura da nossa relação, de eu perceber que ele estava conseguindo me enxergar como eu era, senti a honra de estar recebendo o seu voto de confiança ao dividir comigo as informações que ele sempre guardou sozinho com grande empenho e responsabilidade.

Pude compreender também que ele estava ficando mais leve por dividir uma informação que mantinha só para si. Guardar um segredo, ou ter a responsabilidade de ser a única pessoa a ter uma informação, deve gerar uma tensão, e, naquele momento, ele precisaria buscar forças para sua recuperação e todo tipo de tensão ou desperdício de energia poderia ser vital. Creio que ele não pensava isso conscientemente, mas talvez fosse isso que acontecia no seu inconsciente. Ele havia vencido uma batalha, mas ainda haveria uma grande luta pela frente. A mais difícil de todas.

*Naquele momento, senti
que eu recebia sua bênção.
O voto de confiança que
sempre busquei a vida toda.*

ONZE MESES

Preparamos toda a estrutura para receber o meu pai em casa. Poder ser cuidado no seu lar, descansar na sua cama e comer a comida de casa era tudo que ele vinha querendo nos últimos dias. Além disso, preparamos uma verdadeira estrutura com equipamentos de oxigênio, cadeira de rodas, cadeira de banho e todo o arsenal de medicamentos que ele precisaria tomar. Apesar da tensão que existia por sabermos que o caso do meu pai ainda era grave, já que ele havia tido alta do hospital com o pulmão cheio de sequelas dessa doença que levou embora muita gente durante a pandemia, eu estava feliz por ter a oportunidade de cuidar do meu pai em casa.

Ele sempre foi o cara da rotina, dos hábitos sistematizados, da vida organizada, da disciplina de atividades, e aquela seria a hora de o ajudarmos a retomar a sua vida, com todas as limitações do seu corpo físico. A expectativa era que ele melhorasse um pouco a cada semana. A vida havia me preparado para aquele momento, e eu entendi que tudo é perfeito, pois eu tinha voltado a viver com meus pais no início da pandemia e, assim, estava preparado para ajudar a cuidar. Minha irmã, que saiu de casa aos 18 anos de idade, morou alguns anos no exterior e vivia mais distante, agora estava morando próximo à casa de meus pais. E minha mãe, que havia sofrido um acidente de carro alguns meses antes e fraturado uma vértebra, já estava iniciando sua fase de reabilitação. Tudo conspirou para que pudéssemos viver juntos aquele momento. Seriam nossos últimos meses juntos.

Aos poucos, fomos compreendendo os desafios, fazendo os ajustes de rotina, entendendo como deveríamos nos organizar e identificando todas as atividades que precisavam ser feitas. Bastaram alguns dias para percebermos que não se tratava apenas dos cuidados que meu pai demandava; precisávamos também cuidar de todas as coisas de casa que sempre foram responsabilidade dele. Era o trabalho invisível de tarefas que citei anteriormente. Tudo que ele fazia todos os dias de forma silenciosa e que eu não imaginava que ocupava tanto tempo do dia.

Eu dava banho no meu pai, e essa situação nos fez ter que trabalhar nossas crenças: ele, por se vulnerabilizar e permitir que seu filho homem lavasse seu frágil corpo nu; e eu, por ter que ver o meu pai, aquele "homão" que sempre deu conta de tudo e que nunca precisou de ajuda, tendo que contar com o meu apoio nesse nível de intimidade. Depois de alguns dias nessa função, me dei conta de algo que dizia muito sobre nossa relação e sobre o que estávamos vivendo. Percebi que em uma semana dando banho no meu pai eu havia tocado no corpo dele mais vezes que nos últimos trinta anos. Nossa relação não tinha contato físico. Era um aperto de mão, um pequeno abraço com os corpos distantes, um tapinha nas costas. Secretamente, eu ansiava por essa conexão com meu pai, por sentir que realmente estava perto dele. Também estávamos tendo a oportunidade de passar muito tempo juntos, às vezes conversando, muitas vezes apenas no silêncio compartilhado – que penso representar a mais profunda forma de intimidade.

Assim, por mais árdua que fosse a missão, por mais que fosse cansativa e até, de certa forma, um trabalho braçal, eu estava contente por estar tendo aquela oportunidade. Pelo menos no início.

A vida havia me preparado para aquele momento, e eu entendi que tudo é perfeito.

DESAFIOS

Se me contassem o que eu viveria antes de tudo acontecer, é provável que eu diria que seria impossível aguentar. Acho que o mistério da vida é a forma que ela encontra de nos preparar para descobrirmos o nosso potencial e nossa força pessoal. Com o tempo, a alegria, o alívio e a esperança de ter meu pai em casa foram sendo substituídos por angústia, apreensão, cansaço e medo. Fomos percebendo que a situação dele era muito mais grave do que imaginávamos e que os médicos não estavam conseguindo apontar os caminhos para sua cura. A cada mês que passava, meu pai perdia mais peso, se sentia mais cansado e tinha que voltar ao hospital para mais intervenções.

Entretanto, quando se está envolvido num desafio, não há muito espaço nem tempo para ficar reclamando ou alimentar a vontade de desistir. Só se quer seguir em frente e encontrar uma maneira de resolver a situação. Existe espaço apenas para buscar a cura. Era a luta do meu pai pela vida. Quem já cuidou de uma pessoa gravemente doente sabe o que é essa força. E, quando essa pessoa é uma das mais importantes na sua vida, uma das que você mais ama no mundo, nada fica no caminho. Nenhum obstáculo é intransponível. Você tira forças de um lugar interno muito profundo, que é ativado somente quando é exigido. Uma vez um amigo me disse que as virtudes são ativadas somente quando são exigidas. Naquele momento, foi necessário ativar paciência, resiliência, força, coragem e, sobretudo, fé. Você faz o que é possível, vai atrás das informações necessárias, conversa com todo mundo, se organiza para poder ter o que é preciso, se apoia nas relações pessoais e, quando, ainda assim, as coisas não funcionam, a única coisa que nos resta é rezar.

Estávamos no meio de um furacão. Além do trabalho físico que cuidar do meu pai demandava, nosso emocional estava ficando cada vez mais fragilizado. Nossos nervos, que já estavam à flor da pele, ficaram acentuados pelas noites maldormidas e pelo crescente medo de ver meu pai partir. Nos revezávamos nos cuidados, e eu só conseguia respirar um pouco quando deixava a casa dos meus pais para ficar por um tempo com a Mahê, minha companheira. Ela me acolhia, cuidava de mim e me nutria para que eu pudesse retornar com a bateria recarregada para mais uma rodada. Minhas idas à casa da Mahê eram a nutrição de que eu precisava para tirar a cabeça da água e voltar com um novo olhar e mais fôlego. Ela me recarregava do amor que eu necessitava para compartilhar com meu pai.

Aos poucos, fomos percebendo que não se tratava apenas de amor. No começo, fiz questão de cuidar do meu pai e achava que a gente daria conta de fazer tudo. Com o passar dos meses, porém, fomos percebendo, muito por insistência da minha irmã, que era preciso profissionalizar o cuidado com a casa e com o meu pai. Assim, a Rosa entrou em nossas vidas para cuidar da limpeza e das refeições, e fomos montando uma equipe de cuidado cada vez maior. Nossa casa se transformou num pequeno hospital. Intensificamos as sessões de fonoaudiologia e fisioterapia, e chegaram as cuidadoras para nos ajudar. Ao mesmo tempo, a medicina tradicional não estava dando conta de atuar a favor da cura do meu pai; o excesso de medicamentos estava debilitando ainda mais seu corpo, que se fragilizava a cada dia. Precisamos buscar alternativas e fomos experimentando diferentes profissionais. Era a nossa maneira de integrarmos diferentes conhecimentos e pontos de vista.

Quando criança, eu vivia com questões de saúde, alergias e problemas respiratórios. Meus pais discutiam sobre que caminho seguir para cuidar de mim. Meu pai, médico alopata, queria seguir o caminho dos medicamentos, enquanto minha mãe, sempre adepta dos tratamentos naturais, me levava a profissionais alternativos. Acelerando o tempo para a frente, voltamos a viver esse mesmo dilema. Decidimos que não seria uma coisa *ou* outra. Seria uma coisa *e* outra. Usaríamos todos os recursos disponíveis nessa luta contra o tempo. A cada semana, meu pai estava mais distante de nós.

Outro desafio era gerenciar a expectativa, as preocupações, os medos e as crenças de pessoas que amavam meu pai; amigos e familiares que vinham visitá-lo e não viam uma evolução. Lidamos com uma carga de julgamento e desconfiança que tornava tudo ainda mais difícil. Ao mesmo tempo, eu sabia que todo mundo queria apenas o melhor para o meu pai.

*Acho que o mistério
da vida é a forma que ela
encontra de nos preparar
para descobrirmos o
nosso potencial e nossa
força pessoal.*

VALE A PENA VIVER

Por mais que a gente tivesse fé e buscasse se escorar em cada informação que nos trouxesse esperança, sabíamos que a situação era crítica. Além de meu pai estar com o corpo mais debilitado e frágil a cada semana, seu lado emocional estava definhando. Depois de muita força mental para superar as diversas internações, ele começava a dar sinais de que estava chegando ao limite. A falta de vitalidade do seu corpo físico contribuía para ele entrar num estado de desânimo e depressão.

Foi nesse momento que decidi buscar os meus recursos e o que costumo fazer com outras pessoas para ajudar o meu pai a mudar o seu olhar para a situação. Por mais difícil que fosse o cenário, sempre havia algo pelo qual agradecer. Sempre existia alguma pequena vitória. A vitória de ter conseguido comer um pouco mais, a vitória de ter se levantado da cama e dado alguns passos, a vitória de ter ido ao banheiro sem se cansar tanto. Nosso trabalho era mostrar essas vitórias para ele.

Além disso, eu procurava me conectar com a vida para ter alguma coisa legal para dividir com ele. Não era fácil buscar essa atitude dentro de mim, porque eu também estava muito cansado. Foi um treino de olhar. Buscava no meu repertório os temas pelos quais ele se interessava para fazer uma ponte com o seu mundo interior. Via um jogo de futebol somente para poder conversar com ele sobre o resultado, estimulava-o a jogar um pouco de pôquer on-line para interagir com seus amigos, contava sobre como estava cada uma das suas árvores frutíferas.

Meu desafio, naquele momento, era mostrar para o meu pai que valia a pena viver. A chama dele estava se apagando, e aquela era a minha última tentativa de abanar as brasas para manter o fogo aceso. Eu ia até o jardim e fazia vídeos das flores crescendo e das formiguinhas andando pela varanda; contava dos passarinhos que estavam fazendo um ninho no telhado. Eram coisas simples, mas que sempre encantaram o meu pai. Logo que eu contava, eu sentia o seu olhar de criança curiosa brilhar. Deitado na cama, ele pedia para ver as fotos, dava um sorriso e em seguida se fechava novamente no seu mundo. Eram apenas instantes, mas que para mim significavam muito. Pude aprender sobre a simplicidade da vida e a treinar o olhar para perceber o belo e o interessante que se esconde nas coisas mais simples do dia. Como eu passava muito tempo em casa com ele, não tinha tantas histórias legais para contar. Não era como quando eu viajava e voltava cheio de histórias. O desafio era estar atento aos sinais e perceber as subjetividades da vida e o óbvio que se escondem debaixo dos nossos olhos, atrás das nossas preocupações.

*Por mais difícil que fosse
o cenário, sempre havia
algo pelo qual agradecer.
Sempre existia alguma
pequena vitória.*

ENCARANDO A MORTE DE FRENTE

Naquele dia em que meu pai me chamou no hospital e pediu que eu anotasse algumas coisas, olhamos para a morte de forma direta pela primeira vez. Este é um grande paradoxo da vida: a morte é a única certeza que temos e, ao mesmo tempo, o assunto sobre o qual menos falamos.

Em determinado momento da luta do meu pai pela vida, compreendi que estávamos tentando evitar o inevitável. Hoje é mais fácil falar sobre isso, pela possibilidade de ver as coisas com outra perspectiva, olhando para trás. Estávamos tentando manter acesa uma vela que estava se apagando aos poucos; uma fogueira que estava sem lenha, apenas em brasa. Fazemos o possível para sustentar o fogo aceso, mas, sem os recursos necessários, uma hora ele se apaga.

A verdade é que meu pai já havia desistido. Nós nos recusávamos a aceitar esse fato e continuávamos insistindo, buscando diferentes recursos e tratamentos e tentando encontrar um caminho para a cura que o trouxesse de volta, mas a cada dia ele estava mais longe. Sua alma já estava se preparando para voltar para casa.

Certo dia, meu pai me chamou e disse que já tinha chegado ao seu limite. Disse que queria morrer. Foi a frase mais difícil que já escutei em toda a minha vida e não foi nada fácil lidar com aquela informação. Ainda assim, segui na conversa e dei espaço para que ele expressasse o que estava sentindo. Ali, entramos na última etapa de uma cura muito profunda e que hoje penso que foi fundamental para que meu pai pudesse ir em paz. Aproveitamos aquele momento, aquela conversa sobre a morte, com a verdade sendo escancarada em minha cara, para falar sobre o último segredo que meu pai carregava. Ele começou a contar como foi difícil para ele lidar com a morte de seu pai. Me contou em detalhes sobre o que sentiu e vivenciou. Até então, a morte do meu avô sempre fora um tabu na minha família e um tema sobre o qual meu pai evitava a todo custo falar, apesar de algumas insistências minhas. Talvez esse tenha sido o único assunto que meu pai realmente deixou pra depois.

Acolhi tudo que ele me contou e mostrei que compreendia o seu desejo de ir embora, mas pedi que ele considerasse ver as coisas por outra perspectiva; que olhasse para algumas pequenas vitórias que estavam acontecendo e para tudo que ainda poderíamos viver juntos. Minha mãe teve papel fundamental nesse processo, não dando espaço para que ele alimentasse tais pensamentos. Ele topou e aceitou seguir tentando ter fé, mas eu sabia que, na verdade, ele havia desistido ali. Teríamos mais algumas semanas juntos antes de ele realmente ir.

Este é um grande paradoxo da vida: a morte é a única certeza que temos e, ao mesmo tempo, o assunto sobre o qual menos falamos.

NÃO SOMOS NOSSO CORPO

Há um ensinamento na prática da meditação que diz que não somos nosso corpo, não somos nossos pensamentos, nem somos nossas emoções. Somos algo além disso.

Antes de falecer, meu pai entrou em coma, na UTI do hospital. Foram quatro dias de angústia. Os médicos já haviam nos comunicado que não havia mais nada a fazer e que sua partida era uma questão de tempo. Nós podíamos visitá-lo uma vez por dia. Na primeira visita depois da parada cardíaca que o levou a ser entubado, eu pude perceber esse ensinamento na prática. O corpo do meu pai estava ali, tecnicamente ele ainda estava vivo, mas eu sabia que ele não estava mais lá. É difícil colocar em palavras e explicar esse sentimento, essa percepção sutil da realidade. Quando estamos diante de uma pessoa, podemos sentir sua presença. Não sei dizer o que significa essa presença, se é a alma da pessoa ou a força que rege a vida; apenas sei que é algo que está lá. Ao visitar meu pai em coma na UTI, eu sabia que ele não estava mais conosco. Aquele era apenas o seu corpo. Sua alma já estava em outro lugar.

Foram dias de silêncio, oração, ansiedade, apreensão e medo. Meu pai havia nos falado que a única coisa que ele não queria era viver em estado vegetativo, e era o que estava acontecendo. Até que, depois de alguns dias, recebemos a ligação do hospital pedindo que fôssemos imediatamente para lá. Não nos passaram a informação por telefone, mas já sabíamos o que havia acontecido. Foi importante para mim essa ligação ter acontecido no momento em que estava junto de minha mãe, minha irmã e minha companheira. Nos abraçamos e, por mais que soubéssemos que a morte estava se apresentando e anunciando a ausência, senti a força da união e da presença.

Fui fazer o reconhecimento do corpo e tive a desagradável experiência de visitar o local onde os corpos ficam aguardando a remoção para o processo de óbito. Atestei que era realmente isso. Aquelas eram as vestes do meu pai, como as vestes de quem troca de roupa e as deixa no canto do quarto. Era o corpo do meu pai. Ele não estava mais entre nós.

O ioga tem um conceito chamado *chitta vritti nirodha*, algo como o momento em que acontece a suspensão dos pensamentos e entramos num estado de vazio. Foi isso que senti nas horas seguintes. Um vazio. A lacuna que meu pai deixou começava a ganhar espaço dentro de mim. Eu não sabia o que pensar. Deveria estar com medo? Deveria chorar? Seria correto sentir alívio depois de tudo pelo que passamos? O que era melhor para ele? Como ficaria minha mãe? O que seria de nossas vidas? Eu queria pensar em todas essas questões, mas a verdade é que não vinha nada. Era só um vazio, uma suspensão dos pensamentos.

*Não somos nossos pensamentos, nem somos nossas emoções.
Somos algo além disso.*

NÃO TEM
O QUE FAZER,
DÓI

Algumas semanas antes de meu pai falecer, eu assisti a um vídeo com uma palestra do escritor e cineasta chileno-francês Alejandro Jodorowsky – na minha opinião, um grande sábio e uma grande referência de ser humano que tenho. Ao fim da palestra, ele recebeu algumas perguntas da audiência que o via pela internet. Uma pessoa perguntou: "Como lidar com a perda de um ente querido?".

Então, ele respondeu: "Quando morre uma pessoa que nós amamos, não tem o que fazer, dói".

Ele fez uma pausa. Senti aquela pausa durar uma eternidade. Era isso. Iria doer, e eu precisava deixar doer.

Então, ele continuou: "Mas, com o tempo, vamos aprendendo a lidar com a dor, e a pessoa que se foi se torna nossa aliada espiritual".

Aquele trecho ecoou na minha mente e, assim que meu pai fez sua travessia, eu me lembrei dessa fala. Eu precisava sentir. Iria doer. Não teria como não doer. Era o meu pai! O homem que eu mais amei em toda a minha vida. A minha maior referência de ser humano. Como haveria de não doer? A dor era uma certeza da qual eu não poderia fugir. Eu apenas precisaria dar espaço a ela e me permitir sentir.

Foi assim que vivi o luto. Cada vida é uma vida, cada morte é uma morte, e cada pessoa vive o luto a sua própria maneira. Alguns precisam ocupar a mente; outros precisam se mudar, viajar ou estar entre pessoas. Eu escolhi sentir. Escolhi não fugir de nenhum sentimento, nem colocar nenhuma emoção debaixo do tapete para seguir a vida. Escolhi chorar todas as vezes que senti vontade e me permitir viver a experiência do luto.

Ao mesmo tempo que existe, sim, muita dor, tristeza e sofrimento, existe também muita beleza e muito amor. A morte é uma professora que traz ensinamentos que somente ela é capaz de oferecer. Por mais que eu não queira pensar nela, por mais que eu queira viver como se ninguém ao meu redor jamais fosse morrer, sei que uma hora ela aparece – e, nesse momento, abre-se um portal para a compreensão da realidade de uma forma completamente diferente. É um portal também para um grande salto de maturidade e de expansão da consciência.

*Cada vida é uma vida,
cada morte é uma morte,
e cada pessoa vive o luto
a sua própria maneira.*

VIDA APÓS A MORTE

Nas semanas que se seguiram à morte do meu pai, eu tinha dificuldade de falar esta palavra: morte. Usava eufemismos para que ela fosse um pouco mais suave para mim e para quem escutasse. Dizia que meu pai tinha feito a passagem, que tinha feito a travessia, ou mesmo que tinha falecido. Dizer que meu pai tinha morrido parecia muito pesado e doloroso. Com o tempo, porém, fui compreendendo que era importante eu utilizar a palavra morte com mais naturalidade. Afinal de contas, sabemos que a morte é o caminho natural da vida. Se tudo der certo, vamos morrer, e é ainda mais natural que um pai morra antes do filho.

Mas o que acontece depois da morte? Para onde meu pai foi e o que aconteceu com ele, eu não tenho como saber. Posso buscar explicações com base em tradições espirituais que procuram explicar esse grande mistério, mas, ainda assim, a conclusão depende da dimensão da fé de cada pessoa. Gosto de acreditar que há algo além daqui, mas que minha compreensão ainda não consegue alcançar.

Desde o momento em que nascemos, vamos ampliando a nossa referência de tempo e espaço. Quando somos bebês, estamos unidos à nossa mãe. Depois, passamos a viver a experiência da separação. Se a mãe ou o pai deixarem um bebê dormindo no quarto e o acompanharem pela câmera da babá eletrônica, a criança se sentirá abandonada do momento em que acordar até que os pais cheguem ao quarto, mesmo que isso leve apenas segundos. Esses segundos de solidão são o maior desespero de não saber onde está até ser acolhida. Conforme a criança cresce, ela vai ficando mais tempo sozinha. Às vezes chora e se desespera, mas logo descobre que a mãe está na cozinha e que não está sozinha em casa. Depois, nossa noção de tempo e espaço vai aumentando. Nossos pais podem nos deixar em casa e sair para trabalhar. Passam o dia fora e ficamos distantes por algumas horas. Mais adiante, nossos pais podem fazer uma viagem e ficar uma ou duas semanas fora do país. O tempo aumentou e a distância também, mas, ainda assim, sabemos que vamos revê-los quando a viagem terminar.

Gosto de pensar que com a morte é a mesma coisa. Meu pai se distanciou de nós; foi fazer uma viagem mais longa. Nosso reencontro somente será possível depois que eu terminar a minha jornada por aqui, mas penso que o encontro é inevitável. Até lá, cabe a mim lidar com a saudade que eu sinto todos os dias, com o medo de não saber como viver sem meu pai e com a tarefa de fazer o possível para viver uma vida boa e honrar todo o esforço que ele empreendeu para que eu vivesse a minha vida.

Com o tempo, porém, fui compreendendo que era importante eu utilizar a palavra morte com mais naturalidade. Afinal de contas, sabemos que a morte é o caminho natural da vida.

PAI ESPIRITUAL

Depois da morte do meu pai, tive meses de muita transformação na minha vida. Penso que o tempo é o grande curador que existe. Os dias se transformaram em semanas, e as semanas, em meses. Não houve um único dia sequer até hoje em que eu não tenha pensado no meu pai – o que é bem curioso, porque parece que, depois que ele se foi, ficou ainda mais presente na minha vida. Várias vezes me pego pensando no que ele faria para resolver uma situação, ou no que pensaria do meu comportamento em determinado momento. Meu pai parece ter se tornado uma entidade na minha vida, assumindo várias formas diferentes.

No começo, eu lembrava do meu pai da forma como ele terminou sua vida: frágil e acamado. Depois de um tempo, quando pensava nele, já conseguia visualizá-lo saudável, como sempre foi. Por fim, passei a me relacionar com meu pai como imagino que ele está hoje. Penso que depois de morrer uma pessoa ganha a compreensão da dimensão da alma e é capaz de enxergar a vida com muito mais perspectiva do que qualquer um de nós consegue daqui. Assim, me relaciono hoje com meu pai como uma grande força espiritual; como uma alma que compreendeu seus erros e seus acertos e hoje consegue olhar para a vida terrena livre de suas crenças limitantes e de seus medos. Pensar no meu pai desse modo, sem toda a sua bagagem de medos e crenças, torna-o, para mim, uma super-referência. Meu pai foi humano, com muitos defeitos, como todos foram. Mas a morte traz uma outra dimensão: pode ser que, quando morremos, nos aproximamos da eternidade. O ciclo se completa.

Assim, parte do meu processo de luto foi aprender a transformar a minha visão do humano que passou pela terra para aprender e evoluir, para finalmente me relacionar com o arquétipo de pai. Quando penso no meu pai terreno, sinto saudade, meu coração aperta, muitas vezes fico triste, como é normal que aconteça. Porém, quando penso no meu pai como ser espiritual, acesso o arquétipo do pai. Sabe aquela cena do filme *O Rei Leão* em que o Mufasa surge nas estrelas para dar um conselho ao Simba, dizendo que ele precisa se lembrar de quem é? É como eu sinto que acontece aqui comigo.

Sigo daqui, caminhando e enfrentando os desafios que a vida ainda vai me oferecer para meu desenvolvimento. Nos momentos difíceis, penso no meu pai. Sinto a força que ele tinha para viver sua vida, a disciplina e a dedicação que ele punha em tudo que fazia até seus últimos meses de vida. Essa força está em mim, afinal de contas, meu pai segue vivo aqui dentro. E o melhor que posso fazer para honrar sua vida é buscar ser feliz, fazer o meu melhor, me comprometer com a minha evolução, ser um humano bom, passar adiante o que aprendi, contribuir para que nossa passagem tenha ajudado o mundo a se tornar um lugar melhor.

Hoje, não tenho mais o meu pai aqui para resolver os meus problemas, para me ajudar com tarefas e desafios pessoais. Sinto que agora é comigo. Ainda tenho minha família e meus amigos para me apoiar, mas também sei que já recebi um pacote valioso de ensinamentos do meu pai que me permitem seguir em frente sem ele. Seu ciclo foi completo. Seu legado é precioso e eu me sinto muito abençoado e grato por ter tido a oportunidade e o privilégio de ser filho do meu pai.

Mas a morte traz uma outra dimensão: pode ser que, quando morremos, nos aproximamos da eternidade. O ciclo se completa.

ASSIM FOI...

Este foi um recorte da nossa história. Tentei colocar nestas páginas os aspectos que mais me marcaram na forma como vi o meu pai. Certamente é apenas um olhar. Minha mãe contaria outra história. Minha irmã também. Assim como seus irmãos e cada pessoa que teve a oportunidade de conviver com meu pai. Também sei que essas histórias que contei serão ressignificadas no futuro. Aprendi com uma amiga historiadora que o passado não é estático; ele segue vivo, e ao viver o futuro podemos compreender melhor o passado, fazendo com que ele se modifique.

Meu desejo é que esta obra possa ter te ajudado a refletir, não apenas sobre sua relação com seu pai ou com seus filhos, mas sobre você e sua própria vida. Somos espelhos uns dos outros e cada interação é uma referência para encontrarmos o nosso melhor aqui dentro. Se você não teve a oportunidade de conviver com seu pai, ou caso ele não tenha sido uma referência para te apoiar, espero que as frases do meu pai e seus conselhos possam ter te ajudado a preencher esse vazio. Procurei ser fiel à história e ao jeito de ser dele, mas também busquei, a cada palavra, acessar o pai arquetípico de cada pessoa.

Para quem tem uma relação com o pai, mas deseja melhorar essa conexão, o que posso dizer por experiência própria é que tudo é possível. Em alguns momentos da minha vida, pensei que nunca mais falaria com meu pai. Pensei também que jamais teria tanta conexão com ele quanto cheguei a ter. Também já pensei que ele nunca mudaria, mas a verdade é que sabemos muito pouco sobre a vida, e os mistérios da existência podem nos surpreender a todo tempo. Siga o chamado do seu coração, seja ele qual for, mas faça. Siga o conselho do meu pai, "Não deixe pra depois". Seja lá o que você estiver sentindo que precisa fazer, faça agora. Meu pai diria que, se você deixar pra depois, não vai fazer; eu digo que, se você deixar pra depois, pode até conseguir fazer, mas vai dar mais trabalho e vai exigir o resgate de uma energia que está disponível aqui e agora, enquanto você está sentindo isso.

Para finalizar, quero propor um pequeno exercício: antes de ler as últimas linhas deste livro, faça uma pausa. Respire fundo, conecte-se com o seu coração e responda à seguinte pergunta: "O que está vivo aqui e agora? O que eu sinto que é importante fazer neste momento?". Acesse essa força de "não deixar pra depois" e se prepare para fazer o que precisa ser feito.

E, honrando o meu pai, assim que você terminar de ler este livro, guarde-o. Se você deixar em um lugar qualquer, quando for procurá-lo, não saberá mais onde o deixou...

O passado não é estático; ele segue vivo, e ao viver o futuro podemos compreender melhor o passado, fazendo com que ele se modifique.

Editora Planeta Brasil | 20 ANOS

Acreditamos nos livros

Este livro foi composto em TheSerif e impresso pela Gráfica Santa Marta para a Editora Planeta do Brasil em agosto de 2023.